"零度"日本

陷入"关系性贫困"的年轻一代

王钦 著

北京大学出版社
PEKING UNIVERSITY PRESS

图书在版编目(CIP)数据

"零度"日本：陷入"关系性贫困"的年轻一代 / 王钦著. —— 北京：北京大学出版社，2025.1.
ISBN 978-7-301-35716-3

Ⅰ. D731.38

中国国家版本馆 CIP 数据核字第 20247AV419 号

书　　　名	"零度"日本——陷入"关系性贫困"的年轻一代 "LINGDU" RIBEN——XIANRU "GUANXI XING PINKUN" DE NIANQING YIDAI
著作责任者	王　钦　著
责任编辑	张雅秋
标准书号	ISBN 978-7-301-35716-3
出版发行	北京大学出版社
地　　址	北京市海淀区成府路 205 号　100871
网　　址	http://www.pup.cn　新浪微博：@北京大学出版社
电子邮箱	编辑部 wsz@pup.cn　总编室 zpup@pup.cn
电　　话	邮购部 010-62752015　发行部 010-62750672 编辑部 010-62757065
印　刷　者	涿州市星河印刷有限公司
经　销　者	新华书店
	880 毫米×1230 毫米　32 开本　7.75 印张　185 千字 2025 年 1 月第 1 版　2025 年 2 月第 2 次印刷
定　　价	68.00 元

未经许可，不得以任何方式复制或抄袭本书之部分或全部内容。
版权所有，侵权必究
举报电话：010-62752024　电子邮箱：fd@pup.cn
图书如有印装质量问题，请与出版部联系，电话：010-62756370

目录

引　言 …………………………………………… 1

一　"关系性贫困"的贫困
　　——"JK 散步"的表与里 …………………… 15

二　"神待少女"与没有神的世界 ……………… 39

三　政治的"零度"
　　——大塚英志的少女和她们的"可爱"天皇 …… 61

四　在女仆咖啡店的门前 ………………………… 84

五　偶像的面庞
　　——AKB48 及其他 …………………………… 107

六　"世界系"的限度
　　——论新海诚 ………………………………… 137

七　月之美兔的忧郁
　　——VTuber 试论 ……………………………… 178

八　网络直播与社会的"气泡化" ……………… 202

附录一　旁观者的非伦理
　　——评中村淳彦《东京贫困女子》……… 219

附录二　用"两倍速"读完稻田丰史《用快进看电影
　　的人们》……………………………… 230

后　　记 ………………………………………… 239

引言

开门见山地说,这本书的关键词是"少女"。无论是在隐喻还是在现实指涉的意义上,本书讨论的许多文化和社会现象,在主题层面上都与"少女"有着直接或间接的关联。然而,与此同时,本书所通向的决不是对于"少女"的理解,更不是对于"少女"的概念辨析或词义考古;在这个意义上,这也是一本自始至终都与"少女"无关的书。毋宁说,本书试图以"少女"这个称谓、范畴、符号甚至能指,打开或接近一个无法被归类的、奇特甚至诡异的空间,一个同时具有文学性、政治性、历史性和社会性的空间,一个无法被既有学科体系——无论是"社会学"还是"文化研究"或"亚文化研究"等所谓"跨学科"的学科体系——所充分对象化的空间。因此,"少女"在这里也可以被视为对于这样一种奇特空间的临时命名。关于这一点,也许需要做一些说明。

当代日本作家松浦理英子在一部关于几个高中女生的小说中,为其中一个女生设计了一篇独特的"作文",其中有这么几段话:

> 高中女生是什么样子
> 要我们以高中女生是什么样子为主题写作文,老

实说，我不知道到底出题人在探求什么。我也不是自己想成为高中女生而成为高中女生的，只不过是时候到了就升学罢了。我认为，自己是高中女生这件事没什么大不了的。

同年级的一个人说，这个命题作文"其实不是语文作业，而是受媒体或大学的委托所进行的高中女生意识调查吧？"我觉得很有可能。因为在成年男性里，有些人对高中女生的生态有着奇特的兴趣。

打开电视，经常可以看到人们讨论高中女生之间的流行语和奇特的时尚之类。不过，最得到热议的，还是卖春等涉及"性"的不良行为。一说到这个话题，评论员大叔们的声音就会激昂慷慨起来。

也许是我的错觉吧，对于高中女生在"性"问题上的不良行为侃侃而谈的大叔们，他们的表情显得过于亢奋，流露出莫名的喜悦，仿佛并不是真心为高中女生感到担心，而是——怎么说呢，像是在既享受又恼火地反复逗弄与自己疏远的小动物。

我觉得那帮人绝对不正常，因为他们一味地讨论女高中生的卖春问题，而不关心男高中生的卖春问题。将身体卖给女性或男性的男高中生就不需要担心了吗？①

---

① 松浦理英子『最愛の子ども』(文芸春秋 2017 年)，第 8 — 9 页。

小说主人公之一今里真汐的这篇"命题作文",恰如其分地描述了"少女"成为社会关切之焦点的奇特方式。在近代日本的社会语境下,自从"少女"在明治以降作为一个被认定具有稳定指涉的范畴确立之后,随着现代教育制度和医学制度的确立,随着现代民族国家的意识形态对政治主体的性别差异的规定,乃至对未成年女性在学校、社会和家庭中所应扮演的角色和担任的社会分工的规定,有关"少女"的各种文化想象——从服装、外貌到行为规范——就不曾有过间断。

从思想史的角度而言,以现代原子家庭中的"贤妻良母"形象为出发点,有关女性的不同年龄段的文化想象和制度性安排——从着装、言行举止到自我身体的管理——都不断地(再)生产着社会对于"少女"的预期和认知。另一方面,如果我们不纠缠于概念的模糊边界和历史层累,而是将目光聚焦在当代日本社会围绕"少女"所提出的一系列社会问题和现象上,那么也很容易看到,当今书肆和媒体上由各路"社会学家""心理学家""教育学家"等专家学者或记者所撰写的有关现役女高中生或女大学生因各种原因而参与软色情行业乃至非法卖淫的纪实类书籍,早已像快餐食品一般,俨然成为一种特定的消费品(属于同一类型的还有关于卖淫主妇、AV女优等"贫困女子"的纪实类书籍)。例如,当东京在2020年因为疫情而宣布紧急事态令之后,关于由此陷入贫困的卖春少女的书籍,一年内便出版了不下五种。在这些作者充满忧愁的笔调下,我们总是能看到他们对于采访对象所披露的生活细节的奇特兴趣,而他们从不同的受访者经历和不同的细节中,又总是能得出雷同的、大而化之的结论:政府政策的灰色地带、制度性保障的匮乏、社会关注的缺失、少女们的绝望。

这些现象本身或许无甚稀奇。重复一遍:自从"少女"这个概念以及随之诞生的一系列文化符号和制度性安排在现代性条件下形成并稳定下来以后,无论在哪个历史时期,围绕"少女"话语的种种想象和讨论,总是容易成为媒体热议的焦点。与此同时,不要忘了,在战后日本的特定历史语境下,"少女"作为一个文化象征,也曾不时被知识分子拿来与他们对于革命的纯粹性或天皇的纯粹性的想象结合在一起。如批评家絓秀实指出的那样,"少女"在文化象征的意义上之所以能作为"革命的增补(的增补)",是因为"这一存在既在'性'的意义上,也在形象的意义上是纯洁的,与此同时又是进步而现代的。资本制带来的'故乡丧失'必须经由纯洁的'革命'得到恢复,贫困和饥饿却又必须由资本制的'进步'来克服;'少女'便将上述悖论集于一身"。[1]

但是,正如絓秀实以思想家吉本隆明早期诗歌中的"少女"形象为例进行的分析所透露的那样,"少女"一方面作为一个被典型化的符号出现在文艺创作中,并由

---

[1] 絓秀实『JUNKの逆襲』(作品社 2003 年),第 140—141 页。

此进入理论和批评的视野,另一方面则往往在社会学的对象群体的意义上,被研究者们——尤其是执迷于纪实采访的研究者们——还原为一系列社会问题或矛盾的被动受害者。无论是何种情况,人们似乎都没有办法就如下问题形成令人满意的一致答案:当人们在谈论"少女"的时候,人们究竟在谈论什么?一边是"田野"归来的"社会学家"绘声绘色地向读者描述着他们了解到的未成年少女的卖春行为,一边如吉本隆明等思想家们则激进地、想象性地为"少女"的符号赋予各种乌托邦色彩——这里呈现的与其说是"少女"的形象与指涉之间的分裂,不如说是侃侃而谈的"大叔"们的思想分裂。(当然,这并不意味着本书可以就上述问题给出答案;毋宁说,重要的是论者们是否意识到这种思想的分裂及其意义。)

距今二十多年前,以研究"援交少女"现象著称的日本社会学家宫台真司,在一篇关于在日本东北青森地区从事"电话风俗"服务业的少女的研究报告的结尾,对于包括自身的研究在内的、针对以这些"风俗业"少女为主题的公共话语和学术话语,展开了一番釜底抽薪式的批判:

"女性的人权""人格的尊严""孩子们的将来"等所谓"普遍性"语词,在这种地方性城市的"本土"空间内,究竟如何传达、传达到哪里,究竟有

(过)什么样的实际意义?①

如果说上述质疑仍然建立在"东京=大都市"/"青森=地方性城市"的地域性二元格局之中的话,那么,宫台接下去的一段话则几乎以一种犬儒主义式的自我反讽,不仅从根本上取消了包括他自己的著作在内的学术研究的意义,甚至取消了这篇研究报告本身的意义:

> 我在去年(1993年)《朝日新闻》文化版的"水手服论战"中批判说,"如今恰恰有必要确立现代市民的伦理"也好,"有必要确立主体性"也好,"有必要成熟起来"也好,"战后知识分子"挂在嘴上的这些语词,不过是用来安慰被现实,即背叛了知识分子们的表面说辞的现实,所伤害的自我意识的、毫无实际意义的、"知识分子限定"、"论坛限定"的那种"讨好长辈"的戏言罢了。然而,这种结构以难以察觉的方式,也已经渗入到我自己关于"水手服高中女生"或"约会俱乐部高中女生"的论述中去了,不是吗?②

无论是对于从"文化研究"的角度来批判全球资本主义的文化表征的研究者而言,还是对于像宫台本人所做的

---

① 宫台真司『まぼろしの郊外』(朝日文库2000年),第49页。
② 同上书,第51页。

那样，以社会学的方法和进路来分析一系列不太被学界关注的边缘性社会现象的研究者而言，上面这段批判都极为根本：宫台似乎在说，这些道貌岸然、整日忧心忡忡的学者们，看起来好像是在分析乃至关怀被忽视的、脆弱的社会群体，但他们所使用的一系列具有"普遍性"意义的话语和概念，不仅无法传达到被分析的对象那里，无法成为她们的慰藉和帮助，反而自律且自足地形成了一种限定在知识分子内部的符号，而这种符号的唯一作用是保证知识分子彼此之间的交流可以像资本一样顺畅运行并不断增殖。知识分子的"人文关怀"，不仅没有勾连起自己所关心的"少女"们（这里的"少女"可以替换为其他语词）和普遍性话语之间的分裂，反而在话语的层面上对"少女"们施加了另一重暴力。① ——当然，需要补充的是，我的最后这句论断也仅仅是"知识分子限定""论坛限定"的一种"受虐式英雄主义"，因为实际情况是，知识分子所关注的"少女"也许根本就对这些知识话语漠不关心、置若罔闻。

我愿意反复强调这一点：考虑到如今日本图书市场上

---

① 事实上，有学者更为釜底抽薪式地将包括宫台真司的论著在内的围绕（例如）"援交"现象形成的一系列知识话语，视为添油加醋地将仅限于一小部分高中女生的事例放大化乃至普遍化的始作俑者。例如，Sharon Kinsella 试图通过援引各种数据来表明，宫台真司本人进行的田野调查其实充满了先入之见。参见 Sharon Kinsella, *Schoolgirls, Money, and Rebellion in Japan* (London and New York: Routledge, 2014)。颇为奇谲的是，在宫台真司的论述中反复强调的"交流模式"，在 Kinsella 的批判性讨论中几乎没有受到重视。

充斥着以一年出版数本书籍的速度不断"消费"所关注和分析的对象——无论是从事AV摄制的单身母亲、援交少女还是"风俗女"——并千篇一律地使用"纪实"手法得出一些老套结论,继而对社会不公痛心疾首一番的"专家"或"学者",不得不说,宫台真司的这两段写于二十多年前的批判至今仍然有着迫切的现实相关性。大而化之地说,如何让自己的学术研究和自己的生活关切发生直接关联,或有没有这么做的必要,从来都是一个棘手的问题;不过,由于分析对象的差异性,着眼于研究"援交少女"等社会现象的学者,无疑比(例如)研究中国古典文学或古希腊哲学的学者更需要直面这个问题。在这个意义上,我认为宫台真司的(自我)批判,比有意无意地拿这些所谓"边缘性"社会群体作为谈资和卖点的"学者",至少来得真诚得多。在这个意义上,他的(自我)批判恰恰要求论者一方面克制甚至规避纪实性的写作,另一方面则要拒绝种种道貌岸然的"人文关怀",拒绝站在某种可疑的道德高地上开出几味启蒙的"药方"。更重要的是,在我看来,宫台真司的批判并没有仅仅否定研究分析的意义和价值,而是阐明了此类分析——无论是将它称为"社会学研究""文化研究"还是"文化批评"——所必然具有的性质:直截了当地说,这类分析不可避免地带有文学性。此话怎讲?

毫无疑问,这并不是说此类分析是虚构的或没有现实对应性的,更不意味着我们必须通过阅读文学作品中的

"少女表征"来理解我们究竟在谈论什么。(显而易见,在今天,随着词源学考察和实证性的文本考据日益被当成学术研究的唯一前提乃至学术研究本身,看到"少女"一词而本能地想要回到如明治时期的文学和综合性报纸杂志上寻找这个语词的"源头",固然可以认为是一种受过"学术训练"的表现——无论在好的还是坏的意义上——但这种"专业操作"丝毫无助于我们倾听和注意漫无目的地游走于深夜街头、以网咖为家的年轻人及其交流模式,却很可能为我们提供一个不去倾听她们的学术理由。)毋宁说,"文学性"在这里的意思是,这类分析不能单单停留于它们所描述的文化和社会现象的表意内容层面,也不能从当代日本政治史或思想史话语中寻求对于这些现象的直接解答,而必须着重分析这些对象或现象的语法结构、意义生成方式和背后所预设的种种社会和思想前提。因此,这种分析的目的,不仅仅是为了还原一时一地的历史现场(事实上,为了对抗研究者自身——无论哪种性别——的某种"偷窥欲",这种分析甚至必须在原则上拒绝上述纪实性的还原);毋宁说,这些文学性的分析必然要将视野从局部而特殊的语境扩大到"社会寓言"的维度,从而为我们对自己的生活世界进行"认知测绘"(弗雷德里克·杰姆逊[Fredric Jameson]语),为我们理解自身所处的历史背景、生活方式、交流模式提供自我反思的契机。没错,努力尝试倾听和理解这些"少女",最终是为了自我理解。甚至可以说,"少女"的不可理解性,恰恰将成为我们理解自我的可能性条件。这同时也是这种分析的限度和可能性所在。

确实,这类分析所关注的社会群体,往往是一些在旁人看来脱逸了"正常生活"、却又不得不仍然继续生活的人们。当然,根本而言,就像之前引用的小说里写的那样,我们完全不必把焦点放在(与所谓"少年"相对的)"少女"身上——"少年"的不可理解性或许一点也不亚于"少女"的不可理解性(尽管我们不必因此继续引申,从而笼统地把问题推到他者的"他异性"上面);不过,我们也不得不看到,媒体对于"少女"的执着聚焦和强调,往往使得她们作为社会问题的"症候"变得显豁,而社会加之于"少女"符号上的各类意指,又在漫长的历史中将少女们裹挟进各种复杂的文本网络之中。

在这个意义上,如快餐一般泛滥,并如快餐一般被读者消费的诸多纪实文学,就它们将少女们的生活搬上当今的历史前台而言,无疑有着相当程度的积极意义。很容易看到,这些少女对于自己生活方式和价值追求的理解,乃至对于自己处境和选择的说明,往往在言语和逻辑层面上充满了矛盾、混乱和种种不连贯——分析者无法也不该按照字面意思将她们的自我理解照单全收;对于她们的"阅读",必须也只能是一种症候性的阅读。分析者所能做和应该做的,不是整理出这些自相矛盾、东拉西扯的自我论述背后的"一贯性",更不是去"启蒙"这些有着复杂身世背景和生活经历的少女。再说一遍:在分析中必然要面临的一个问题是,当分析者将她们的言行举止作为"症候"进行解释的时候,这些分析既无法成为对她们的直接帮助,也无法为她们带来任何慰藉。这些分析之于它们的对象,始终是外在的、陌生的、他异的,但决不是高高在上的。

在此,我们似乎绕回到了宫台真司的(自我)批判,并且不得不给出一个令人沮丧的答案:所有这些分析,对于徘徊在边缘的少女们而言,对于她们的复杂生活而言,对于她们随时都在逃避或挣扎的困境而言,都毫无意义、没有价值,且无法传达到她们那里。分析者对她们的关注乃至承认,除了呈现为一种莫名其妙的、有点惹人厌的凝视之外,什么也不是。但尽管如此,或正因如此,这些分析——这些最终必须也只能指向我们的自我理解的分析——在社会和文化的意义上,指向的也许不是当下的拯救,而是未来的拯救或拯救的未来。

在这里,一切貌似具有普遍性、在言论的公共空间内畅行无阻的理论话语,都结结实实地遇到了几乎是物质意义上的抵抗:无论是以写实的方式用文字再现她们的生活处境,还是诉诸权利话语来主张她们的个体权益和社会福利,抑或是如上所述,以文学性的分析探究她们背后的社会和历史机制,对被关注的对象而言,从根本意义上说,这些都是一种暴力——在这里,化用日本思想家竹内好的一句话,我们或许可以说:"连带"本身就构成了一种暴力。从事"援助交际"的少女、全天都在网络上进行直播的少女、徘徊在深夜街头、等待着所谓"神明"降临的少女、同时在"地下偶像"团体和女仆咖啡店打工的少女……这些少女的自我理解和研究者对于她们的"分析"之间的裂隙，几近于精神分析中患者和分析师的话语之间的裂隙。但上述类比仅仅到此为止：我并不认为这些分析和它们的分析对象之间的关系是一种精神分析意义上或病理学意义上的治疗关系；在我看来，倒不如说分析对象的存在本身（而非其矛盾混乱的、欲言又止的、扑朔迷离的自我解释），为分析者反思自身的历史性、反思自身的伦理和价值判断提供了重要的契机。

因此，尽管在内容层面两者无法沟通，甚至无法相遇，但在形式层面，这类文学性的分析和它们的分析对象其实共同揭示了一个总体性的文化—政治现状：如果站在宏观的角度来看当今社会，那么可以说，随着宫台真司所谓的人际交流的"岛宇宙化"愈演愈烈，能够为一个共同体的所有成员所共享的交流基础越来越薄弱，曾经显得天经地义、自然而然的种种关于"正确"生活方式和价值观的表象（以及其中包含着的权力关系），都已经无可挽回地让位于一个可称为"价值相对主义"（但未必等于历史虚无主义）的图景——人生的各种选项，就它们都可以按照市场逻辑被归结于个人选择和个体责任而言，都显得同样可欲、同样善好。如宫台真司所说：

在"不接受世界"的人们眼中的"伦理主义式"

行为举止,不过是"接受世界"的大人们为了使得他们相互间世代性的"信赖"不受到威胁,而在小圈子内进行的一种共同体仪式罢了。归根结底,对"不接受世界"的人们来说,那些对他们说"要接受世界"的人们会说出这种话来,是因为他们属于自己并不接受的世界那一方。①

简言之,无论在伦理、社会关系还是技术的层面上,一个有机地关联起所有共同体成员的"世界"早已不复存在(如果说它历史上曾经存在过的话),而且,关于这样一个世界的想象的条件也逐渐不复存在。在这个意义上,无论是将"少女"视作一个统一而自洽的文化符号,并一厢情愿地将它和"革命""纯洁""无辜""脆弱"等意指链条结合在一起的做法,还是将游走在所谓"正常生活"和"边缘生活"之间的少女化约为无法发声的、身世悲惨的待拯救群体的做法,距离鲁迅当年在小说《肥皂》中描写的那个道貌岸然、想法下流的老派知识分子四铭的举动,恐怕都只有一步之遥。(值得注意的是,《肥皂》中的四铭恰恰同时在上述两方面展开了对乞讨少女的想象。)而对于这一点,游走于白昼和黑夜之间、由于种种原因而不得不为生计奔波的少女们,无疑比书斋里的知识分子认识得更切身也更深刻。少女们难以捉摸的

---

① 宫台真司『まぼろしの郊外』,第180页。

表情上，刻写着这个时代的秘密，刻写着我们自身的秘密。

因此，收录在这本小书中的诸篇或长或短的随笔性文字，并不打算参与到"启蒙"或"拯救"被视为在社会边缘徘徊的少女们的媒体运动之中，也不打算以"少女"为主题抒发激进的思想情怀。毋宁说，这是一本表达困惑和困境的论著。这么说不仅是因为读者从中无法找到任何第一手的纪实性采访，而且主要是因为，这些文章相当程度上依赖于宫台真司、大塚英志等批评家的既有研究，并在某种程度上试图与之展开对话。在这个意义上，这本小书也许并未脱离"读书笔记"的范畴；而它最终所呈现的，也许恰恰是理解和沟通的不可能性。——我当然知道，如果要全面地剖析和把握书中提到的这些社会现象，需要进行大量的田野考察和采访，而无论怎样从方法论上反思分析者的限度，我都必须承认：田野考察恰恰是我力所不逮的工作。因此，这本书应该被视作接近、理解乃至克服这些社会现象的一个必要的准备。

一 "关系性贫困"的贫困

——"JK 散步"的表与里

（一）

在 2010 年代初，以东京秋叶原一带为首，日本出现了一种名为"JK 散步"的服务业。这种被人们认为接近"软色情"的工作以"学生课外打工"为名雇佣在校高中女生（"JK"是日语"女子高生"的简称，泛指高中女生），让她们穿着学生服在大街上物色"顾客"（这一举止的约定俗成的说法是"散步"——至今"散步"这个说法也沿用到在女仆咖啡店打工的少女们街头招揽顾客的行为上）。在指定的几个小时内，"顾客"原则上可以将这些女生带去任何公共场所"约会"——当然，他们原则上禁止与女生有任何肢体接触，也不允许询问女生的个人信息和联系方式。通常"顾客"们会带女生去咖啡厅或餐馆吃饭，或去卡拉 OK 唱歌；偶尔也有人会选择去水族馆或游乐园。"约会"过程中产生的一切额外费用，都由顾客自己承担。在指定的约会时间结束的时候，女生会打电话向店内确认，然后或是结束"约会"，或是由顾客选择延长时间。一般"JK散步"的价格不菲，一次性消费介乎数千到数万日元之间。据说，在"JK散步"最为兴盛的2013年左右，秋叶原的"女仆街"上满是举着牌子招揽顾客的高中女生。这种颇有"软色情"嫌疑的服务业，不久便受到了媒体的曝光，并成为社会问题（具体的导火索是一位男性因触碰了女生的手而被店方勒索数百万日元，最终不得不报警），"JK散步"行业随后遭到全面取缔。在这一行业受到广泛关注的时期，致力于为需要帮助的少女提供自立支援的社会公益组织的负责人、"涩谷辣妹"仁藤梦乃，为此写了一本题为《高中女生的里社会——生活在"关系性贫困"之中的少女们》的书①，试图从她所谓"关系性的贫困"的角度来探讨这些从事"JK散步"的女生的生活方式及其困境。

正如该书扉页上的文字所说，这是一本以作者对31位16—18岁的女生的采访为基础写就的著作。甚至可以说，对几位被采访对象的原话的引述，在整本书中所占的篇幅远远超出了作者的分析（就此而言，和所有类似的纪实类书籍一样，这本书反讽地满足了道貌岸然、高高在上的读者们的偷窥欲望）。根据这些受访女生的自述，有些

---

① 仁藤夢乃『女子高生の裏社会——「関係性の貧困」に生きる少女たち』(光文社2014年)。

一 "关系性贫困"的贫困

图 1-1　仁藤梦乃的著作《高中女生的里社会——生活在"关系性贫困"之中的少女们》，从"关系性贫困"的角度探讨从事"JK 散步"的女生的生活方式及其困境。

人因朋友介绍而开始在这些店铺"打工"，有些人完全没有意识到这些服务的"软色情"性质，有些人则虽然意识到了，却因家庭或学校的种种原因而只得继续。书中提到，有的女生只跟家里说自己的工作内容是"和客人一起吃饭"，而父母的回应也只是"现在社会上还有这样的工作啊"。总之，我们首先必须旗帜鲜明地指出：作者对这些女生的采访以及从中透露出的对她们安全的担忧，及时且正当地回应了当时日本社会对"JK 散步"（或与之相关

图 1-2　在街头招揽顾客的高中女生。

的其他"JK产业")的关切和忧虑。在这个意义上,通过类似"纪实"的记录方式让当时正在从事或考虑从事相关工作的女生明白这一行业的"内幕",无疑具有比较重要的现实意义——尽管究竟有多少真正从事该工作的女生会读到仁藤的这本书,确乎是一件值得打上问号的事。

不过,当我们站在历史的后设视角回顾这本相当带有时效性的书籍,或许就得说,作者对于这一社会现象的观察视角和考察方式,事实上遮蔽的问题比它揭示的问题更多;甚至可以说,这本书所揭示的最大问题,反而是作者的考察视角本身的问题。此话怎讲?

让我们首先看一下作者为采访对象准备的提问。在关于"家庭"的部分,预设的问题有"和家庭的关系""取材时的住处""被父母虐待或忽略的经验"等;而在"迄今为止的经验"一栏,作者专门预设了"性被害经验""卖春经验""自杀行为的经验""有没有过想死的念头""被诊断有精神疾病的经验"等问题项。换句话说,在作者看来,这些过往的"负面"人生遭遇,可以解释为什么这些少女选择在"JK产业"中打工——于是,"卖春"和"JK散步"从一开始就被作者划归为同一性质的活动(如果不是同一性质的精神疾病的话);在这个围绕着高中女生展开的"里社会"中,"JK散步"成为迈向"卖春"的第一步:黑夜里所有的牛都是黑色的。作者对一位采访对象说的一段"高中时代友人"的话,尤其能够表现她的预设:

15岁在女仆咖啡店工作，17岁在"Girls Bar"工作，18岁在夜总会工作，目前这个朋友25岁，有一个3岁的孩子，生活很苦恼。①

毋庸置疑，对仁藤而言，所有这些工作都只是程度不同的"软色情"服务业，它们的全部归宿都只有一个——真正意义上的"色情"行业。在仁藤看来，自己的这位"高中时代友人"的经历不是某种偶然，而是代表着从"女仆咖啡厅"到"夜总会"再到色情行业的近乎"必然"的发展。在这个意义上，"里社会"和"表社会"泾渭分明，甚至太过分明，以至于作者的采访和论述都是为了将这些涉足"里社会"的不幸少女救回"表社会"，也就是回归被作者视作理所当然，却从头到尾都没有加以解释或论证的正常生活。我们或许得问：为什么（例如）在"星巴克"打工就属于"表社会"，而从事"JK散步"就属于"里社会"呢？这就不得不提到这本书的另一个特色：作者不断地向受采访的女生也向读者暗示，跟她们搭话的男性"顾客"根本上只有一个目的，就是和她们发生肉体关系。

于是，在向少女进行"启蒙"的作者和少女们的回答之间，出现了一个微妙的侧重点偏差：尽管在受访女生中，只有很少几位明确提到自己遭遇非礼，甚至自愿或非

---

① 仁藤夢乃『女子高生の裏社会——「関係性の貧困」に生きる少女たち』（光文社2014年），第78页。

自愿地和"顾客"发生性关系,这很少的案例却在作者的论述中占着举足轻重的地位。的确,我们满可以说受访者很可能因为种种顾忌而不愿提到这方面的事实,更不要说描述细节;但反过来,这里的重要问题根本不是去"深挖"受访者究竟是否有所隐瞒,更不是越俎代庖替她们"剖白",而是呈现出另一个让人觉得意味深长的现象,即当受访者提到自己工作的基本内容仅仅是和顾客去餐厅吃饭、去市中心看夜景时,作者要么忽略这些事实,要么将此作为少女"天真无知"的证据。在作者的几乎是痛心疾首的叙事中,凡是上前向这些女生搭话的男性,似乎无一例外地都被视为强奸犯的"犯罪预备役"。事实上,这种叙事视角几乎称得上是类似的"纪实类"书籍的一个"通病":当作者事无巨细地描述采访对象的家庭背景、生活经历、思想苦恼时,出现在叙述中的男性"客人"往往只是面目可憎、身份不明、笼统的"坏人",甚至有时已经不能称之为"人"。

然而,值得思考的问题或许从来都不是"有多少比例的'顾客'带有非分之想",而是在作者将所有男性视为潜在的强奸犯,将所有从事"JK 产业"服务业的女生都视为"无知少女"的眼光那里,恰恰缺失了对所谓"表社会"与"里社会"的复杂关系的分析。我们需要追问的恰恰是:另一方面,形成"JK 产业"的仅仅是一些从事黑社会性质工作的"坏大人"和一群潜在的强奸犯吗?另一方面,如果在大部分情况下,这些女生和"顾客"

仅仅只是一起吃饭或唱歌，那么在此过程中，这些"顾客"究竟是在消费和享受什么？在"同情"这些少女并"批判"这些男性之前（反之亦然），我们需要回答的一个基本的问题是："JK散步"中的双方究竟是在干什么？

首先，我们不必假装自己对"JK"这个符号中所包含的或者说由这个符号所生产的特定意义上的"性含义"一无所知：自从1947年日本文部省推行所谓"纯洁教育"以来，基于明治三十二年（1899）的高等女子学校令而产生的"贤妻良母教育"得到了继承，随之而来的是，当初只限于一部分富裕阶层子女的教育模式在战后开始在全国范围内普及和推广。借用评论家大塚英志对"少女"的定义来说，"高中女生"的符号意味着"使用禁止的身体的拥有者"。① 也就是说，"JK"所产生的"性含义"并不来自高中女生或她们身着的制服本身，而是来自经由一整套基于"纯洁教育"理念的制度性安排所塑造的"纯洁而不可侵犯"这一关于"少女"的刻板形象（及其与已经在生理上达到成熟阶段的女性身体之间的不对称性）。正是基于上述刻板形象，（例如）"JK制服"早已脱离近代教育制度而成为一种具有特定文化特征乃至性特征的，甚至可以在非本土的其他地域流传的符号。

但需要注意的是，重复一遍，不同于涉及"援助交际"或直接从事卖春活动的少女，"JK散步"原则上不允

---

① 参见大塚英志『少女民俗学』（光文社1989年），第46页。

许少女和顾客之间发生性行为——然而，对于性行为的禁止并没有阻止男性顾客接近这些少女。毋宁说，在大部分场合下，这一禁止反而成为顾客们接近这些少女的推动力。为什么这么说？——在这一点上，我认为需要对大塚的定义略加调整：近代教育制度及其话语所生产的有关少女之"纯洁性"的刻板形象，所隔断的不仅仅是人们与少女发生性关系的可能，更重要的是，通过这种禁止，即禁止一切与性相关的话题，少女的"纯洁"形象隔断了人们与其发生一般人际关系的可能性，使得"JK制服"的符号产生了区分"内部"和"外部"的功能。在通常的情况下，由于学校这种特殊的社会空间的存在，这两种隔断——性的隔断和人际关系的隔断——往往显得难以区分甚至互为表里；而在"JK散步"的特殊行业之中，这两种隔断却被明确区分开来，从而显得格外突兀。于是，顾客们仿佛可以在维系"内部/外部"之区分的前提下（由性的隔断，即禁止肢体接触来保障这一点），闯入原先对自己封闭的"内部"。如前所述，随着"JK制服"的符号脱离学校和教育制度的既定框架而流传开去，"内部/外部"的区分也不再能够被还原为"学校内部"和"学校外部"这种制度性和空间性的区隔。这种流动的、难以确定的"内部/外部"区分，也恰恰与"里社会/表社会"的区分形成了复奏。

在这个意义上，尽管仁藤梦乃对自己提出的概念没有加以任何严格的界定，但"关系性的贫困"一词或许正适用于在作者的分析中作为"正常状态"而缺席的"表社会":换句话说,社会关系的贫困或匮乏,不能仅仅限定于个人在家庭或学校中的不幸遭遇;相反,或许正是由于正常状态下的"表社会"不断地再生产着人际关系和社会关系的贫乏,"JK产业"等等对于人际关系(甚至是与少女的关系)的想象性增补才会应运而生。吊诡的是,"目的不纯"地接近少女们的男性,反而仍然处在作者预设的那个"表社会"的意义系统之中——他们作为潜在的"犯罪者",已经在社会的意指链条中占据着明确的位置,他们的行为有着明确的动机和意义。高中女生是他们的欲望对象或目标,"JK散步"则是实现这一目标的手段。他们是非常明确的"坏人"。

与之相对,那些"意义不明地"带着少女去咖啡店吃甜品的男性,才打开了一个无法被"表社会"的表层意义系统和价值体系所回收的"里社会"。不要误会,我这么说不是为了肯定"JK散步"的任何积极意义,我也决不认为由此打开的"里社会"是一个自由而开放的空间;毋宁说,我想指出的是,正是这个让各种欲望在其中以奇特的、扭曲的,既释放又被压抑的方式得到组织和表达的空间,这个同时包含着承认和拒绝、接纳和轻蔑的空间——一个症候性的细节是,少女们在揽客时一般都会称呼过路的男性为"哥哥",无论对方年纪有多大;而在她们彼此之间的交流中,这些男性又无一例外地会被(正确地)称作"大叔"——寓言性地指向了"表社会"的种种"正常"话语(例如仁藤的这部著作)所遮蔽的历史真理。

一 "关系性贫困"的贫困

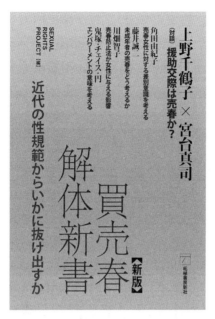

图1-3　上野千鹤子与宫台真司合著《买春卖春解体新书》(新版)。

如果我们像仁藤那样,从一开始就给所有男性贴上"强奸犯预备役"的标签,不仅无法令人信服,也无法恰当地理解"里社会"的症候性意义。事实上,这样一种视角甚至无法回答作者在书中给自己提出的问题:为什么一些家境良好、成绩优秀的女生也会选择在"JK 产业"中打工?当作者苦口婆心地告诉读者,一些接受采访的女生如何"执迷不悟",甚至没有意识到自己正在做多么可怕的事情,事实上,她已经提前放弃了对这些少女的理解。更有甚者,如上野千鹤子所说,当我们在出发点上就将少女们视作"弱者",将她们视作"需要保护的对象"时,我们所做的其实是"不承认她们的自我决定权",而这种否认也意味着我们"始终将她们压抑在弱者的状态下"。① 或许我们需要调整自己的视野,或许我们需要重新出发——不是从少女的"无知"出发,而是从"少女们的选择"出发。

(二)

显而易见,"少女们的选择"这一说法直接取自宫台真司出版于 1994 年的社会学名著《制服少女们的选择》。在我看来,虽然探讨的社会现象不同,但这本出版以来距今已有三十年的著作,为我们思考"JK 散步"等现象提供了非常重要的启示。在这本书中,宫台研究了当时日本社会热议的少女"援助交际"现象和女生贩卖自己穿过的内衣等现象。相比于"JK 散步","援助交际"无疑是名副其实的色情产业,而购买女生内衣的男性或许也足以称得上"犯罪预备役"或精神病态;不过,不同于大量着眼于纪实性报道的著作,在这本书中,宫台并没有从高高在上的救济者姿态出发对"援交"少女进行说教,而是将问题意识放在了"援交"现象背后的社会和历史结构上:"真正的问题不是诸如贩卖内衣或出演色情录像等'脱轨'举动本身,而是使得这样的行为得以可能的、最

---

① 参见上野千鶴子、宮台真司「援助交際は売春か?」,上野千鶴子、宮台真司『買売春解体新書』(新版)所收(柘植書房新社 2020 年),第 96 页。

一 "关系性贫困"的贫困 | 27

图1-4 宫台真司的社会学名著《制服少女们的选择》，为我们思考"JK散步"等现象提供了非常重要的启示。

近高中女生们的一般交流方式，以及产生这种交流状况的历史条件。"①

具体而言，在考察这些举止乖张的少女的生活环境时，需要注意的一点是：她们的父母基本属于战后日本的"团块世代"，这一世代在双重意义上不具备"传达'绝对性'"（第47页），即传达一般意义上的道德性和价值的能力。首先，作为当年反抗主流意识形态、反抗传统道

---

① 宫台真司『制服少女たちの選択』（講談社 1994 年），第 46 页。下文引自此书处皆随文标注页码，不另作注。

德和规则的一代,这些人本身对固有的价值体系就抱持着深刻的怀疑,因而根本无法教给子女自己都不相信的教条;其次,在日本社会全面"去政治化"的1970年代以降,"覆盖女生亚文化的'可爱交流'"(第48页)代替了以往羞涩、腼腆、偏向私人性质的交流方式,一举将女生们的社会交往带向"什么都很可爱"的貌似开放、多元、公共的空间。作者的论述从上述两个角度分别展开,并最终将两个角度归拢到对于社会结构的总体思考上。

就"团块世代"对于道德的绝对性的破坏而言,这一历史结果未必就是"团块族"们自发产生或预期的结果。1960年代,伴随着地域共同体的迅速解体和衰退,原先在地域共同体内部形成的小型社会及其包含的秩序结构也随之瓦解;对于"团块世代"来说,1960年代呈现出的历史后果是——换言之,即曾经以"亚文化"为武器否定历史、否定社会、否定传统价值观念、否定"大人"的后果是——他们即便踏上社会开始工作,也无法像日本以往的"上班族"那样在公司中找到或发明出与"家庭伦理"同构的价值凭靠,因而"地域共同体和公司共同体都放弃了始终对父亲起到支撑作用的'根'"(第58页)。简言之,这些叛逆的年轻人们无法像以往的世代那样变成"成熟"的大人。

在公共领域产生的这一系列变化,反映到私人的家庭领域,就产生了所谓"朋友夫妇""朋友亲子"等"新型家庭幻想"（第59页）。对此，宫台刻薄地写道："团块世代的确在反权力、反体制的亚文化式的观念下否定了'社会性'的束缚，但这与其说是对现实的否定，不如说是对已经在进行中的现实过程的正当化。"（第59页）幻想通过"朋友关系"这种非约束性的交流模式来替代或弥补家庭道德的缺失，其结果只是对家庭关系本身的进一步掏空。"朋友亲子"这种关系的本质，其实是"在对角色的另一面不闻不问的前提下成立的交流"（第60页）。也就是说，只要不去思考为什么父母和子女之间要"扮演"一种以相互平等、彼此可退出的关系为基础的"朋友"关系，那么传统道德的缺失所造成的紊乱就不至于带来麻烦；可一旦开始思考亲子关系的意义、家庭的意义，"朋友亲子"的关系就无法为此提供任何解答，反而可能导致关系陷入危机。

另一方面，在"绝对性"道德约束缺席的情况下，少女们的交流模式通过"可爱"的机制，逐渐将一切社会现象都"无害化"和"可交流化"：

> 到了80年代，"可爱"的适用范围进一步扩大。80年代后期，连秃头大叔和样貌怪异的爬虫类生物也是"呀，可爱"。"可爱"发展成了不问适用范围的"无害化工具"。……进入90年代，甚至无害化的模式连"可爱"这个媒介都慢慢不再需要了。（第50页）

根据宫台的论述，在这些少女们眼里，一切事情都不是"是非"问题，而只是"程度"问题，只要处在"自己随意设定的规则范围之内"，就可以自认为"我不是那种乱七八糟的人"（第84页）。之所以会出现这种"道德碎片化"的现象，宫台认为，根本原因在于日本社会的深层结构的变化。

为了说明这一点，宫台以自己的方式区分了"道德"和"伦理"：在他那里，后者指的是一种与他人看法无涉的"内在确信"，它体现于西欧近代确立的"自我"，构成了"现代市民社会的伦理"，具有不被传统习俗和价值观约束的、自我管理意义上的自发性和内在性（第85页）。然而，宫台认为，由于日本社会不具有西欧的一神教传统，不具备产生西欧式的"现代个体"的思想土壤，所以从来就缺乏这样一种"伦理"约束——与之相对，作为替代性规定出现的"道德"是一种基于他人眼光和评判（所谓"舆论"）来约束自我行为的准则：

> 尽管经历了明治时代以来的"现代化"，一直支配我们社会的却是一种显然带有共同体性质的做法："由自己和周围没什么不同所带来的安心"，这一点成为交流的基础。也可以说，社会眼光的束缚反过来为行为举止确立方向。（第85—86页）

这种与"伦理"相对的"道德"，一旦从规定共同体成员行为准绳的公共层面降格到自我规定的、仅与个人生活相关的私人层面,便无异于"道德"的自我瓦解。一方面是"道德"不再有效,或者说,任何被用来证明自身行动的连贯性和合理性的言辞都可以成为"道德"的依据,另一方面则是"伦理"意义上作为公民的自律性政治主体的缺席。由此导致的结果是,日本在1970年代经历了地域共同体的瓦解和都市消费空间的兴起之后,年轻人的交流方式越来越多地以"在更小的范围内确立幻想的共同性"为特征(第86页),而"这种'岛宇宙化'的结果,就是所谓'道德的消灭'。因为道德是以社会的眼光来规范自我的做法,当社会变得不透明,其眼光也无法感知的时候,能回应社会期待的行为举止也注定消失"(第87—88页)。

年轻人根据自己随意划定的边界和规则展开交流,他们的交流分裂为各种各样的"岛宇宙",而在"岛宇宙"内部的交流,既不同于以某种社会身份为基础的"人格性交流"(如恋人或朋友之间的交流),也不同于以结构性位置为基础的"非人格性交流"(如服务员和顾客的交流),而是一种"共振交流",即"'共有同一种法则(ノリ)'的人们之间的交流"(第259页)。可以说,在我们如今这个时代,这种"岛宇宙"的交流形态已经被可视化和确立为各种社交媒体上的一些我们早已习以为常的功能(如"微信群")。

（三）

在这个意义上，1970年代以后，"共振交流"逐渐为年轻人，尤其为后来被称作"御宅族"的年轻人提供了一种新的交流方式，一种相对的、可以替代"社会眼光"的交流方式：

> 不问对方的真面目和内在，仅凭着共有同一种法则而展开永恒的嬉戏——这与信赖"无条件的同一性"的交流相去甚远，这恰恰是一种"共振交流"。（第266页）

因此，"援交"与其说是少女们懵懂地踏入犯罪的危险地带的表现，不如说是少女们在"共振交流"的前提下任意为自己的行为划定边界，并在这种任意划定的边界内任意地评判是非对错的结果。反过来说，从少女们的眼光来看，那些站在"对面"对自己的日常生活指指点点的"大人"们，以及被"大人"们视作天经地义的价值和道德体系，也无非是一系列任意划定的边界罢了——值得注意的是，宫台所分析的这种认知与行为模式，在当今时代早已成为年轻人的自然感觉：譬如，如今任何一个高中生也许都能脱口而出地宣称"任何一种普遍性的价值主张都是意识形态的产物"。

在此，我无意探讨这种目光背后的价值相对主义、犬儒主义乃至虚无主义；相反，我希望顺着这种目光提出几个尼采式的问题：当人们用既定的、未加质疑的"表社会"的评价标准去衡量这些少女的是非对错、"正常"或"不正常"、"健康"或"不健康"时，是否反而遮蔽了这些评价标准本身的偶然性，即将偶然的东西确立为自然的、不变的东西？而在这一过程中凝聚着的对于压抑和暴力的正当化，对于既有社会结构及其包含的权力关系的确认和巩固，有时可能比它所批判和否定的现象更为堕落和淫荡，难道不是吗？在"表社会"的外表下，在社会的多层褶皱中，遭到排除和压抑的、潜藏着的被侮辱与被损害者，又何止于这些被认为"误入歧途"的高中女生？（当然，无论你愿意与否，被压抑者一定会在未来回返——以出人意料的方式，以骇人听闻的方式，以摧毁性的方式。）当人们借助种种便利的二分法将"表社会"和"里社会"截然对立起来，将这些高中女生与"顾客"之间的金钱关系视作危险、腐败、不正常的关系时，是不是该问一问，出现在这个扭曲的消费社会（"表社会"）里的所有社会关系和人际关系，究竟在什么意义上是安全、纯洁、正常的？在当今这个时代，还有什么不曾被早已洞悉一切的各种主义者还原为赤裸裸的利益关系？人们对"JK 散步"大惊小怪、大呼小叫，其中有多少是出于人道主义关怀和道德义愤，有多少是因为位于"里社会"的"JK 散步"恰恰道出了"表社会"的真理？

可以说，宫台关于"共振交流"的洞察在今天仍然没有过时，尽管我们未必要沿用他关于"道德"和"伦理"的区分，尽管"可爱"一词也不像几十年前那样，在少女们的交流中扮演着将一切无害化的作用（另一方面，我们也别忘了：如今，在社交媒体上发挥这种"无害化"作用的语词或"梗"实在是五花八门）。毋宁说，随着移动互联网的迅速发展和各种社交软件与平台的普及，当年以"秘密日记"或"火星文"为标志的"岛宇宙化"过程已经普遍化为一般意义上的人际交流的常态。如今，不仅是基于所谓"伦理"传统的交流方式，甚至是基于"道德"的交流方式，都全面地让位给了"共振"式的分裂化交流方式。

并且，如果说1990年代以"御宅族"为代表的"岛宇宙化"仍然遵循着一种"内部/外部"的区分，因此反而保持了跨越边界的可能性，那么在任何话题和个人都有可能随机成为网民"泄愤"对象的当下时代，"岛宇宙化"的全面分化已经使得任何"内部/外部"的划分都不再有效，以往维系某个特定共同体（如"《机动战士高达》爱好者"）所需的特定语法和规则——以及其中包含着的严肃的自我认同过程——逐渐让位给通过各种转瞬即逝、毫无内容的"梗"拼凑而成的"共振"式交流。与此同时，层出不穷的社交平台对于碎片化的个人生活的无限放大，使得过去"不可见"的细部以夸张的、美化或丑化的方式得到再现，从而加固了而非缓和了本已"岛宇宙化"了的交流状态的分裂——例如,一个朝九晚五作息规律的上班族男性也许从来不会触及"涩谷辣妹"的生活,但抖音、Instagram 等社交平台则将后者的生活不连贯地、奇观式地展现在前者面前。在这个意义上,对前者而言,后者毋宁说代表着一个真实存在但却不可思议的世界,一个拒绝提供自身语法和理解可能性的世界。

从这个意义上说,"JK 散步"所表达的,或许正是交流的全面性"岛宇宙化"状态以及对于这种状态的想象性克服。相比于仍然遵循"色情行业"逻辑的"援交"现象,"JK 散步"显得更为彻底:"JK 散步"并不产生任何实质性的社会身份或结构性位置,而是在"顾客"和少女之间提供一种空洞的、由商品逻辑所确保的"共同法则",使得双方在既没有"伦理"也没有"道德",甚至没有"共振"的地方形成一种交流的表象或表象的交流,一种没有交流的交流。在这个奇特的空间内,一方面,"顾客"想象自己参与到少女们的交流"法则"之中,从而弥补了日常交流的贫瘠化和碎片化所带来的焦虑和不安,仿佛那个一直对自己封闭着的、不断在各种社交平台上出现的奇观式世界,突然短路般地和自己身处的世界连通了起来,将自己迎入其中;另一方面,在"JK 产业"打工的少女们则乐于用资本制商品交换的语法,迅速将自己的行为翻译成资本市场上的一种普通交易,从而提前切断与"顾客"之间交流的意义内容。"岛宇宙化"的社会现实,正为两者这种错位式的(非)关系,提供了行为逻辑和情感上的可能。(单纯比较一下1990年代"御宅族"们关于某部动画片或漫画的讨论,和如今在被称作"粉丝文化"或"饭圈"的空间中人们如何用各种"梗"和暗语代替交流,便不难感受到如今"岛宇宙化"的贫困化交流与交流之贫困化的现状。)

或许有人会说,无论在哪个年代,在现实生活中,这些中年大叔和这些少女都不可能有任何交集,更谈不上形成有效的交流,不是吗?事实也许的确如此。但让我再强调一遍:重要的问题从来都不是这种交流是有效的还是无效的,是真情实感的还是虚情假意的;重要的问题在于,只有当我们生活中一般的交流形式全面性地"岛宇宙化"的时候,当我们与他者的交流(无论我们愿意与否、也无论我们是否对此具有充分的意识)总是已经处在各个彼此无法通约的"岛宇宙"的规定甚或限制之中的时候,向"别处"寻求增补性交流的需求乃至欲望才会产生甚至泛滥。在任何时代,青春靓丽的少女都会受到人们的喜爱,但这一点并不能直接证明"JK散步"现象的合理性,正如诉诸类似"强奸企图"的诛心之论也并不能解释为什么有人愿意掏钱只为和一个素昧平生的人说几句话或吃一顿饭。在这里,少女与其说是"顾客"们的欲望对象,不如说表征着他们所处的"表社会"中社会关系和人际交流的贫乏化。

与此同时,移动互联网的发展所全面推动的"岛宇宙化"的一般交流方式,或许也对应着不同社会阶层在信息全球化时代的不同境遇：不得不固守于有限的本土性生活领域和交往领域，甚至不得不在无法融入全球化浪潮的工作上维持生计的人们，不仅无法和那些奔波于各个国际大都市之间、操弄着几门语言在新兴信息产业或相关领域驰骋的人们形成交流——哪怕双方同属于一个民族国家，甚至彼此的住处在地理距离上可能相去不远——而且愈发无法想象后者的生活。而在任何一个国家，属于前者的人们永远占据多数。他们一边在社交平台林立的网络中确认着自身所属的孤岛并经历着关系性的贫乏，一边则愈发感到自己的一举一动根本无法对这个世界造成任何影响。在这个意义上，原本就不存在于他们的"表社会"之中的，甚至对他们而言标志着交流之不可能性的"JK散步"少女，便（在想象中）带上了一举克服所有问题的乌托邦式的象征色彩。

如今，"JK散步"等服务业差不多已经销声匿迹（至少在"表社会"的表面上如此），但在秋叶原的"女仆街"上，仍然可以看到少女们拿着咖啡店或酒吧的看板，或热情或冷淡地招呼着来来往往的男性。她们不是亟需得到启蒙和拯救的无知少女，更不是将"顾客"们从他们空虚寂寞的日常生活中拯救出来的天使，甚至也不仅仅是一般意义上的在资本主义商品逻辑下被异化的个体——她们曾经是，如今也还是一个不断走向分化和固化的社会的寓言。

图 1-5　如今成为日本社会话题的"爸爸活"或许可被视为"JK 散步"的当代变体。

二 "神待少女"与没有神的世界

"神待少女"中的"神待"一词是对日语"神待ち"的转写,意即"等待神明"。20世纪初,日本的一些网络论坛(通称"揭示板")上出现了许多发帖寻求能够为自己提供食物和住宿的女生。这些女生往往是由于各种原因离家出走或居无定所的未成年人,而承诺为她们无偿提供住处和吃喝的人(一般是男性),就被她们称作"神明"。她们在网络上发帖寻找或征集"神明",并在几十条来信中挑选一位她们认为理想的"神明"进行联络。双方约好见面的时间和地点之后,女生便会拖着自己的行李箱(或事先将行李箱寄存在车站的行李寄放柜)到指定场所赴约,并由"神明"带回家中。这种匪夷所思的现象以及其中隐含的危险性,自然引起了社会的关注。近年来,随着"神待少女"现象越来越多地成为媒体关切的问题,各个民间公益组织逐渐开展针对未成年少女的生活帮困服务;同时,随着登载少女们求助信息的"揭示板"因网络管理的严格化而转入灰色地带,"神待少女"这个名词至少在社会的日常话语流通过程中已经不那么常见了。

毫无疑问，人们往往会将"神待少女"和一般意义上的"离家出走的少女"画上等号——在事实层面上的确如此：这些未成年人不是"离家出走"还能是什么呢？不过，或许语词层面的差异本身更是一个值得关注的现象。为什么这些离家出走的少女自称是在"等待神明"？又或者，选择从家里搬出来一个人独居，靠打工来挣所有的生活费、学费，这样的少女能算"离家出走"吗？毋须多言的是，这些未成年人中，或许没多少人愿意以"离家出走"这样一个已经在社会的意义链条和符号系统中占有稳固的一席之地的，乃至带有些许贬义的说法来自称；正因为如此，单纯从"事实"层面上、从法律乃至社会治理层面上处理"神待少女"的问题——仿佛少女们的这一自称无足轻重或无足挂齿——或许本身就是一种暴力，并可能带来更多的暴力，无论是在话语的层面上，还是在制度的层面上。所以，如何从字面意义上接近和倾听"神待少女"，将她们的困境不仅仅理解为一个有待解决的社会治理问题，更理解为一个关乎当代社会整体的寓言，我认为是"阅读"这些未成年人"等待神明"之举的关键。

关于"神待少女"这一看上去不可思议的现象，常年从事 AV 产业报道的记者黑羽幸宏根据自己采访几位"神待少女"的经历，专门写了一本题为《神待少女》的书，试图分析这些离家出走的少女以及接纳她们的"神明"

二 "神待少女"与没有神的世界 | 41

图 2-1 黑羽幸宏的著作《神待少女》，试图分析这些离家出走的少女以及接纳她们的"神明"所各自怀揣的动机、意图和生活背景。

所各自怀揣的动机、意图和生活背景。据说，当年在大大小小的各种"揭示板"上寻找"神待少女"并把她们带到自己家里暂住的"神明"，几乎都是一些收入中等偏下（有的没有固定职业）、年龄在二十多岁至四十多岁的男性。黑羽通过对他们的采访表明，这些所谓的"神明"无一不是抱着猥琐的目的接近这些少女，想要借口提供食宿来和她们发生性关系。他们从一开始就将自己和少女之间的关系换算为一桩交易，甚至通过在金钱上将其与一般的卖春相比较来权衡"得失"。不太令人意外的是，黑羽的采访表明，这些少女最后也往往会多多少少满足"神明"们的肮脏请求。但值得注意的是,尽管"神待少女"和"神明"的交流无疑已经涉嫌针对未成年人的性犯罪,黑羽在著作中却不厌其烦地强调一点:这些少女之间的一个"共识"是,想要和自己发生性关系的男性,没有资格被称作"神明"。甚至可以说,"神待少女"中没有一个不知道,接近自己的男性都抱着猥琐的目的。她们从一开始就不曾幻想,迎接自己的人会是什么"神明"。

重复一遍,作为涉及未成年人性犯罪的严重社会问题,"神待少女"现象无疑要求各政府部门和民间公益组织的介入,要求在规范社会治理与网络治理的同时,为离家出走的少女提供必要的生活保障和资源——从政策层面而言,这些措施在任何时候、任何环境下都必要且须及时。但与此同时,另一个值得考察的问题是:我们应该如何理解凝结在"神待"这个奇特表述背后的社会关系?为什么离家出走的少女要编织出"神待"这样一个奇特的、连她们自己都不相信的说法?

根据黑羽的论述,尽管未成年人离家出走从来都不是什么新鲜事,但"神待少女"作为社会现象出现,肯定不是空穴来风。他提到,自从2004年全国范围内实施改正青少年健全育成条例以来,日本社会中的未成年离家出走和失踪的案件数量有所缓解——至少在数据上是如此。例如,《东京都青少年健全育成相关条例》第15条规定,若非正当理由,未成年人的保护人有责任阻止被保护人深夜外出,从事夜间职业的从业者也应当在相关时间段

二 "神待少女"与没有神的世界 | 43

图 2-2 由仁藤梦乃发起的公益组织 Colabo,旨在为离家出走的少女提供必要的生活保障和资源。

内催促未成年人回家。然而，另一方面，如同所有的类似法规所造成的吊诡结果那样，虽然表面上离家出走的未成年人数量有所减少，但原先与未成年人离家出走相伴的一系列社会问题——非法打工、从事犯罪和风俗业的可能性等等——却只是更为隐蔽地转入了不为人知的角落，从而催生出许多令人意想不到的问题。"神待少女"的现象，就是其中的一个症候。

耐人寻味的是，我们可以从黑羽书中引用的一位"神待少女"的讲述中看到："神待"行为对她来说并不是什么离家出走后走投无路的结果，反而是某种可以乐在其中的生活方式：

> 没考虑过将来的事。大概也就是回老家找工作然后结婚……吧？但依靠"神待"有时候也可以赚到50（万日元），也许已经没法正常上班了。这也没什么。毕竟"神待"又刺激又好玩，牛郎又很帅。有闲钱就大方跟朋友吃喝，买起衣服和首饰来也毫不犹豫。反正这样的生活也持续不了很久嘛。①

从这段话中可以看到，这些"神待少女"往往习惯于将自己从"神明"那里得到的钱——如果她们最终愿意以金钱交易的方式和"神明"发生性关系的话——立刻花在

---

① 引自黑羽幸宏『神待ち少女』（双葉社 2013 年），第 120 页。

二 "神待少女"与没有神的世界

牛郎店里,并且往往是拿到钱之后便去牛郎店挥霍一空。为什么要这样挥霍?答案是,因为从这些"神明"那里得到的钱显得很肮脏。可为什么要把这些钱花在牛郎店里?答案是,因为牛郎很帅;而且,就算花钱也不能和他们发生性关系,就算发生性关系也得不到他们的真心:"那里有金钱买不到的东西。""神待少女"从本来不应该存在的、与"神明"的性交易中得到本应被禁止的钱,再把它们投入一种不可能的、与牛郎的"真诚交流"中去。少女们的一系列行为也许早已超出了"理性经济人"模型的经典逻辑,可是谁又能斩钉截铁地说,这样一种看起来极其"非理性"的行为,不恰恰对应着资本主义的扩张精神?资本主义的"英雄"形象,究竟是如韦伯(Max Weber)笔下兢兢业业、安分守己乃至锱铢必较的新教徒,还是如歌德笔下的浮士德一般永不餍足、骚动不安的心灵?是精打细算的企业家,还是一掷千金的赌徒?

不过,还是让我们回到上面这段引文本身。这段话在黑羽的论述中——或者说,在作者为"神待少女"现象所规定的"本质"中——显得格格不入,因为通过一系列的采访和思考,作者最终将"神待少女"现象引导到了"对于承认的欲望"这一颇具科耶夫(Alexandre Kojève)色彩的结论,并进而将这种"对于承认的欲望"和"家庭"联系在一起:"她们从事'神待'的理由,难道不是因为想遇到自幼所期待的'家庭形式'吗?为了得到无偿的爱,

图 2-3 日本新宿区的"牛郎店"广告招牌。

为了实实在在感到自己真的是受到这个世界的祝福而降生于世的，她们开始寻求具有'神'之名的'理想家庭'。"① 同时，在该书文库版的"后记"中，黑羽明确写道："与放弃父亲担当的男人一同成长起来的'女儿'和未能成为成熟大人、具有'神'之名号的男人，彼此填补内心的空白，这是被称作'神待'的游戏的本质。"②

黑羽的意思很明确：一方面，对于少女而言，为她们提供食物和住处的"神明"肯定了自己存在的意义；另一方面，通过与这些少女发生性关系，在自己的生活中经历挫败、无法顺利恋爱结婚的男性"神明"则变相获得了来自异性的承认。这个有关自我身份认同、有关承认的欲望、有关彼此"内心空白"的故事，似乎深刻地揭示了潜藏在寻求帮助和提供帮助这一"表面"关系底下，乃至潜藏在"神明"们想要和少女发生性关系的猥琐想法底下的"真实"。

的确，黑羽的论述触及了"神待少女"现象中的一个重要维度，即充满问题的家庭关系。但他整理的这个故事或许过于"深刻"，也过于自洽，以至于一切细微的褶皱都得以在"承认的欲望"的整体维度上被熨平。但事情真的是这样吗？还是让我们回到之前那个"神待少女"的自白：她没有也不想考虑将来的规划，只愿意享受当下的余裕。她既是黑羽这则故事里的重要人物，同时又游离

---

① 黑羽幸宏『神待ち少女』（双葉社 2013 年），第 194 页。
② 同上书，第 211 页。

于这个故事之外。无论如何,我们也许可以说她如今的经历与她的原生家庭不无关系,但我们很难说这个少女其实是在"隐秘"地寻求着"理想家庭"——也许我们可以说,归根结底,她的确是在寻求这样一个她自己不曾经验过也不曾认知过的"理想家庭"。但就算如此,这个只能让分析者自己感到安心的精神分析式的论断,不也已经反讽地将当事少女从论述中排除出去了吗?我们真的希望将一个外在的、陌生的理想,强加在这些离家出走的少女身上吗?

在这个意义上,"神待"这个戏谑般的说法也许正可以被理解为少女们用以抵抗黑羽(以及有着同样看法的许多人)的上述解读的手段:"等待神明"的说法恰恰表明,她们事先阻断了"对于承认的欲望"有可能被满足的可能性,拒绝了所谓"理想的家庭形式"——她们寻求的是来自超越者("神")的承认,而不是来自他人的承认,更不是来自现实中带着猥琐目的接近她们的所谓"神明"的承认。

反过来说,当黑羽将论述推向"彼此填补内心的空白"这一"深度"之后,如果我们认同他的判断,那么少女一方也好,接纳她们的"神明"一方也好——无论少女们是绝望地等待着"神明",还是以游戏的心态乐在其中,也无论"神明"抱着何种目的接近少女——似乎两者的行为都可以被还原到某种特定的、往往也是偶然的个人经历那里:在少女一边,这种经历常常是在原生家庭或学

二 "神待少女"与没有神的世界

校遭受的创伤经验；在"神明"一边，这种经历常常是在职业或与异性交往上的挫败和失望。换句话说，在人们对于离家出走、居无定所的未成年人的想象——乃至"神待"一词所预设的、其中被人们设想应该具有的"绝望"和"无助"等含义——与"神待少女"们对于自己处境的解读和解答之间存在的温度差，恰恰在作者的这种深刻理解中被抹平了。

作者在书中告诉我们，"神待少女"无一例外地以一种高高在上的姿态看待这些给自己提供食宿的"神明"。或许可以认为，"神待少女"恰恰以戏谑的姿态，提前占取了可能接近她们的男性乃至一般社会大众对她们抱持的视线，并以这种视线为基准来为自己设定"神待"的"特征"——绝望、无助、孤独、脆弱、流离失所，等等。请注意：在这里，重要的问题并不是这些离家出走的少女是否在客观上的确如她们显示出来的那样绝望、无助、流离失所（也许确实如此），而是无论客观情形如何，这些表现出上述特征的少女都非常清楚自己的处境，也非常清楚包括黑羽在内的一般社会大众如何看待（乃至期待）自己的处境。因此，甚至可以说，"神待"是她们面对这一双重认知所采取的修辞策略，而黑羽的论述所做的，其实不过是将少女们为自己营造的"特征"善意地或单纯地——过于单纯地——误读为她们的"客观真相"而已。

棘手的是，"神待少女"也许从来都不曾天真到不知道自己在做什么，更不用说竟会不知道接近她们的"神明"其实都是一些"坏大人"；她们知道，但她们依然这么做。她们提前占取对方对自己的凝视的位置，并乐于扮演被凝视的客体——因此，没有人能从这个结构中读出少女们的"真相"。（我愿意再强调一遍：关键问题从来都不是例如"在'神待少女'里有多少比例的未成年人真的不知道自己在做什么，不知道危险所在"，而是"神待少女"这一自我命名本身就包含了上面这种根本性的反讽结构。就这个反讽结构本身而言，即便可以像黑羽这样成功"搭讪"到实实在在的少女并让她们吐露心声，少女们口中个人经历的"真实"也始终无法代替甚或触及"神待少女"这一话语的"真实"。）

然而，少女们的这种"故意迎合对方看待自己的视线"的做法的可能性，在黑羽的论述中却始终付诸阙如。不难看出，黑羽（和其他许多关注"神待"现象的论者）在论述中事先假定了一种"本应如此"的生活方式和状态，并将不符合这一状态的处境统统翻译为想要"寻求'理想家庭'"或"填补内心的空白"而产生的困境。与"神待少女"相比，黑羽这样的论者无疑更为天真和单纯。与此同时，黑羽所预设的这种"本应如此"的状态，又根本性地指向现代核心家庭的存在形态——仅从作者在书中反复提及自身与妻子和女儿的和睦关系来说，这也是非常明显的事实。吊诡的是，黑羽在书中始终试图将"神待少女"的现象语境化、历史化，却不经意地把一种理想化了的现代核心家庭表象设定为去历史化、去语境化的价值本身。他似乎忘了，这些少女想要逃避的，正是这种现代核心家庭的形态——而不仅仅是一个偶然的"坏家庭"。毕竟，就现代核心家庭的自我维系来说，一个家庭究竟会"变好"还是"变坏"，从来都不是一件孤立的、去语境化的事情；在如今的市场化条件下，原子式家庭本身内部的关系受到太多不可预测的外部因素影响，以至于"变好"还是"变坏"几乎成了一种纯粹的偶然，至少这绝不是黑羽用他那种天真的自我家庭叙事所能蒙混过关的问题。毋宁说，黑羽试图向读者展现的那种他所设想的"理想家庭"，对他笔下的那些"神待少女"而言，不啻是另一种强迫。

在这个意义上，我们应该探讨的问题是：如果"神待少女"现象的确是一个难题的症候，而且，如果这个难题（更不用说对它的解答）并不具有现代核心家庭的形态，那么事情会怎么样？让我们借用黑羽在书中提到的一个令人印象深刻的事例对此加以说明。黑羽介绍了一位辗转于全国多个风俗场所的"神待少女"，她小时候遭遇了父母离异，并且和父亲一直没有进行很好的交流，直至父亲从家里永远离开。黑羽写道，这个最终选择了自杀的少女颠沛流离地在一个又一个风俗场所打工，却始终没法安定下来，也许她一直在寻找一个"理想的父亲形象"。这段话确实令人动容，也很可能道出了一部分真实，但我们还是得追问：为什么非得是一个"理想的父亲形象"

不可?如果"神待少女"身为当事人不知道自己在寻求什么,为什么我们一定比她更懂"神待"?

在这里,依然是宫台真司的论述为我们提供了一个有价值的思考线索。宫台在解释为何他所谓的"没有终结的日常"永远不会结束时,提到了1990年代开始在日本全国范围内开展的"十六号线式风景"化措施。所谓"十六号线",指的是以神奈川县横滨市西区为起始点和终点、将首都圈进行环状连结的国道线。根据宫台的论

图2-4　宫台真司的著作《活在没有终结的日常中》。在这本书里,宫台提到了1990年代开始在日本全国范围内开展的"十六号线式风景"化措施。他认为,这并不是日本独有的现象,而是其后自"9·11"以降全世界范围内展开的"社会安全化潮流"的先声。

述，随着政府所提出的对沿线风景街道的建设要求，全国连锁式的商店逐渐取代了本土店铺，比如原先在涩谷颇为有名的"约会俱乐部"等性质暧昧的场所，在此过程中被全面清理和整治。对于这种"既没有'热闹场所'也没有'治愈场所'的、'平面化'的'十六号线式风景'"所产生的历史结果，宫台写道：

> 1993年开始流行的高中女生约会俱乐部，在1994年夏天迎来高峰。在那里聚集的孩子的卖春比例在二成以下。放学后聚在一起，边吃零食边打牌边看录像，悠闲地消磨时间，有客人的时候就作为购物同伴或咖啡店同伴而去约会。这些俱乐部在1994年11月一举遭到告发，无处可去的孩子就流向了"电话俱乐部"（约等于如今中文里所谓"聊骚"服务），结果就是：由于原本的"电话俱乐部"开始卖春化，与此相应这些孩子也开始卖春。①

在宫台看来，被取缔的这些"约会俱乐部"首先不是风俗场所，而恰恰是为学生也为成年人提供可以"悠闲地消磨时间"的地方，让他们暂时从特定社会身份的规定中，从日常生活的失败中，也从诸如"这个社会怎么了""这个世界会好吗"等问题中摆脱出来。当这些场所遭到

---

① 宫台真司『私たちはどこから来て、どこへ行くのか』（幻冬舍文库2017年），第69页。

取缔，当象征着市场化的"十六号线式风景"将各个街区都变成由各种连锁店构成的均质景观时，原先在"约会俱乐部"里打发时间的人们并不会摇身一变而成为消费社会中的"标准的好公民"，只会向更隐蔽同时也更危险的地带流散并寻找补偿。吊诡的是，将这些"可疑"的场所予以取缔的动作，恰恰将成年和未成年的少女们推向了风俗业，甚至促成了后来"援助交际"的流行。

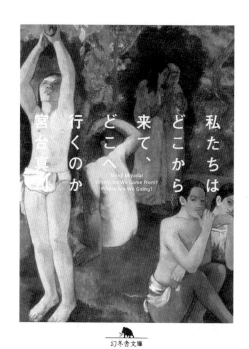

图 2-5 宫台真司的著作《我们从哪里来，到哪里去》。

二 "神待少女"与没有神的世界 | 55

　　值得注意的是，宫台认为，与社会的全面"法律化"并行的社会"平面化"过程，并不是日本独有的现象，而是自"9·11"以降全世界范围内展开的"社会安全化潮流"的先声：我们不断地被告知，陌生人是危险的，社会上遭遇的事情的责任都在个人自己。"这一过程表明，通过'贩卖焦虑'和'民粹焦虑'，我们对市场和行政的依赖越来越深，反过来则逐步失去共同体自治的独立性。"① 在社会结构的层面上，地域共同体的社会功能的弱化和交流方式的碎片化使得身份认同的基础变得越来越脆弱和随意；在个体意识的层面上，市场和行政的全面化伴随着个体对自身生活世界的认识逐步稀薄、对自身的归属感逐渐淡化的过程，以至于个体意识到自己对于整个社会所代表的自足"系统"而言不过是一个可以替换的"零件"。② 于是，个体的具体生活经验在这个"风险社会"的自律性运转和赋义过程中找不到任何位置，只会通过"责任个体化"的解释路径而被化约为抽象、偶然的侥幸和不幸；反过来说，在系统的赋义过程中仅仅呈现为偶然性的不幸事件，从个体的角度看则成为无法直面也无法解决的必然性。无论在市场、行政的意义上，还是在存在论的意义上，未能幸运而偶然地契合于主流意识形态所规定的"标准"生活模式的个体，在"恰当"的社会表

---

① 宫台真司『私たちはどこから来て、どこへ行くのか』(幻冬舎文库 2017年)，第72页。
② 同上书，第374—375页。

象中都是有待教育或拯救的"残次品"。

　　请注意，我并不是想说，1990年代盛极一时的"约会俱乐部"才是"神待少女"问题的唯一或正确的解答；毋宁说，重要的是，这样一种可以让受困于家庭或学校，受困于既定的社会身份和个人经历的少女暂时忘却自身身份，让她们在"非日常"的时空中重新整合或想象日常生活的场所，如今已经越来越难以在社会空间的制度化和规范化的过程中找到一席之地。或许可以认为，"神待少女"现象是个体经验和社会系统的意义生产过程之间难以弥合的裂隙的又一个表征；同时，它也是试图从后者所规定的"日常生活"状态中寻找出口的一个症候。当这个尝试的无目的性在现实中迅速被遮蔽，当"神待"行为迅速通往一种意义明确的违法犯罪行为时——"神明"们打着提供帮助的旗号来接近这些少女并和她们发生性关系——我们当然轻易获得了一个安全而正当的立场，使我们可以从社会治理的角度、法制的角度、道德的角度对此现象展开谴责、批判甚至管制。人们在谴责"神明"也谴责离家出走的少女的时候，总是显得义正词严、忧心忡忡，一叹人心不古，二叹道德沦丧，三叹造化弄人。然而，这样做并不能弥合却只能遮蔽个人与社会、具体经验与系统赋义之间的裂隙。

　　最后，需要补充的一点是："神待少女"现象的另一个耐人寻味之处在于，它似乎从来都无法脱离表面上的"幌子"而成立，这使得"神待"对于当事人双方而言成了彼此"虚情假意"的一场游戏——在少女一边尤其如此。也正因如此,在当今社会,技术上的一个颇具反讽意味的细微转变,已经使得"神待"从其"浅白诉求"(寻找能提供食宿的"神明")到黑羽所揭示的"隐微诉求"(寻求承认的欲望)之间的回路不再有效,从而使得"神待"行为本身无法成立。

  这个技术上的细微转变便是智能手机的普及和移动支付二维码的广泛运用。如果说"神待"在它的物质诉求层面上也就是"浅白"层面上无异于乞讨,那么移动支付二维码的产生则使得"神待"的双方都可以甚至不得不停留在乞讨和施舍的层面:"神待少女"只需在自己的社交平台上贴出电子钱包的二维码,"神明"则只需扫码支付援助金额,整个过程不涉及双方的交流,更不用说可能涉及未成年人性犯罪的问题了。然而,"神待"也因此不再成立:对于原本就心术不正的"神明"而言,要求自己扫码支付一定金额给一个完全和自己没有交流的"少女",不啻是天方夜谭;对于"神待少女"而言,无论自己在社交平台上如何"真诚"地描述自己的处境和需求,都显得要么是"风俗从业者"的把戏,要么是单纯的骗子。甚至可以说,在二维码支付如此便捷的今天,没有什么比仍然沿用当年的"神待"修辞来寻求"神明"的做法显得更为可疑的了。进而言之,当"神待"一词本身逐渐在漫画、游戏、成人电影等媒介环境中演变为一个"梗","神待"也就失去了它原本指向的特殊人际关

图 2-6 网咖是现在的日本年轻人过夜的热门地点。

系所包含的危险性和难题性。反过来说,只有在这些"神明"获得少女们伪善地给予他们的"神明"称号的前提下——只有在少女们事先占取这些男性的目光并以此塑造自身的形象,进而将自己脆弱的、无助的、作为男性欲望对象的形象返还给"神明"的前提下——"神明"才可能在当事人双方均不会信以为真的关系中扮演属于自身的恰当角色。

在这里,让我们回到"神待少女"的"起点":少女

图 2-7 今日真知子的漫画《神待》讲述了一位离家出走的少女,在一个"神之家"暂住,遇到其他离家出走的女生,一起生活和冒险的故事。该书探讨的主题包括原生家庭、贫困、虐待等。

们说，对自己图谋不轨的男性，都不是真正的"神明"。如前所述，她们寻求能无偿为自己提供食宿的"神明"，同时又总是用鄙夷的目光看待这些接纳她们的"神明"；这些少女从一开始就知道，这是一个不存在"神明"的世界。在一个没有神的世界中寻求"神明"，少女们"确信犯"式的姿态，与其说透露着绝望，不如说透露着十足的反讽和愤世嫉俗。归根结底，是谁将她们孤零零地从悠然度日的环境中抽离出来，是谁让她们必须对自己所置身的破败的家庭环境给出解答，仿佛必须面对自己无可奈何的命运？或许，重要的问题从来就不是如何满足她们对"神明"的渴望——不是提供一个所谓"理想的父亲形象"——而是改变这个她们在其中寻求"神明"的世界，使她们忘却对"神明"的不可能的渴望。一个没有神存在的世界，同时也必须是一个不需要神存在的世界。

三 政治的"零度"

——大塚英志的少女和她们的"可爱"天皇

2016年7月13日,日本放送协会(NHK)首次披露了明仁天皇"生前退位"的意向;8月8日,电视上播出了明仁天皇宣布退位意向的录像。2019年4月30日,明仁天皇正式退位,后继者德仁天皇于翌日即位。作为日本战后第一位以"象征天皇"身份履行职责的天皇,明仁天皇的生前退位宣告了平成时代的终结;与此同时,就像平成时代发生的各种事件和事故最终往往都在一团暧昧而模糊的气氛中收场那样,除了新年号激起的(包括中国在内的)社会热议之外,遗留在"象征天皇制"这一由日本战后宪法所规定的含混制度中的各种问题——如天皇的战争责任问题、皇室的政治权利和身份问题——反倒没有引发广泛的社会讨论。

当然,言论界不乏借此契机重新回顾平成史乃至昭和史的论著。在众多历史意味浓郁的论著中,批评家大塚英志的声音显得颇为独特。他在出版于2019年的《感情天皇论》一书中,将明仁天皇的生前退位视作一个症候,他试图从文本分析乃至文学分析的角度,阐明自己曾经寄予厚望的"象征天皇制"怎么落得如今这个下场。除去大塚在书中论及的作家(三岛由纪夫、石原慎太郎、大江健三郎等)或亚文化现象(电影《新哥斯拉》等)及其对应的关于战后天皇制的不同理解和态度,他的"论题"本身更加值得关注。如这本书的标题所示,大塚认为,战后"象征天皇制"的历史落脚点是他所谓的"感情天皇制",而明仁天皇的生前退位再好不过地体现了这一点。

在"感情天皇制"这一特殊的命名中,"感情"一词一方面指的是天皇在作用于国民"感情"的维度上承担起自己按照宪法规定的"象征"作用,从而在不介入国家政治事务的前提下进行一系列"感情劳动",即付出自己的"感情"以影响国民的"感情"(如走访灾害发生地、慰问灾民、出席仪式等等);另一方面,这个词指的是民众将天皇及其言行举止理解甚至还原为上述"感情劳动",彻底从"感情"而非"思想"上对待天皇:

既然不允许天皇在政治制度上(当然,天皇这一存在本身也是由宪法和皇室典范等法规确立的政治制度的一部分)的介入,那么(明仁天皇退位意向的)逻辑就是"我作为个人"而"说出""自己的想法"。不过,我关注这一点的原因首先在于,他所主张的意思是,接下去自己要表明"自己的想法"。也

三 政治的"零度" | 63

就是说，我接下去要作为一个个人来发言。毫无疑问，对外言说自己的想法，这是现代性个体的前提。①

吊诡的是，由于明仁天皇在平成时代对于"象征天皇制"的实践方式一直体现为通过"感情劳动"而实现国民"感情"的统合，他的一言一行也始终只能在"感情"的层面上被民众所理解和接受。也就是说，民众不会将天皇作为"现代性个体"所发出的"想法"和有关战后天皇制性质的思考联系起来。明仁天皇的退位宣言中所包含的天皇个人对于"象征天皇制"的思考（或一些得以形成思考的契机），就这样在交流的错位中被民众轻轻放过了。安倍政府对此的回应也只是"例外性地承认天皇如'安乐死'一般的生前退位"（第320页）。在这一点上，大塚认为，保守派也罢，自由派也罢，普通日本民众也罢，他们在"将天皇所思考的'感情'发言当作'私事'予以打发"这一点上形成了共谋关系（第38页）。大塚从天皇发言和民众的"感情"式理解的错位中，辨认出了战后宪法规定下的"象征天皇制"的令人沮丧的历史后果。

的确，如果我们对比大塚在二十多年前写下的支持"象征天皇制"的文字，可以清楚地看到，在历史的意义上，发展或归结为"感情天皇制"的战后天皇制，非但没

---

① 大塚英志『感情天皇論』（ちくま新書2019年），第14页。以下引自此书处皆随文标注页码，不另作注。

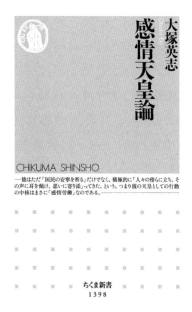

图 3-1　大塚英志的著作《感情天皇论》。该书封面上的文字大意如下:"他不仅为国民的安宁祈祷,还积极地站在人们身边,倾听他们的声音,感受他们的内心。也就是说,他作为天皇的一举一动的核心,确乎就是'感情劳动'。"

有实现大塚曾经寄予希望的功能,即天皇制作为区别于政府权力的"权威"的所在,形成足以抵抗和制约政府滥用权力的力量,并作为国民公意的象征时刻提醒政府意识到自己权力正当性的来源。相反,由于天皇的一言一行都仅仅停留在"感情"层面,天皇的发言便可以轻易被代表公权力的政府收编乃至操纵。大塚当年之所以在"政治制度"的意义上肯定"象征天皇制",是出于以下考虑:

三 政治的"零度"

作为有可能制衡政府权力的特殊力量的天皇，恰恰可以在一个复杂的语境下——这个语境包括战后宪法的来源、日本社会的结构转型、思想上激进主义和保守主义的盘根错节——成为培养和实践"现代性个体"或政治主体性的重要契机：

> 我肯定现行宪法下的"象征天皇制"。不过，不是在将它作为民族主义装置的意义上肯定它。在有别于实际政治权力的层面上，哪怕是虚构也罢，它以另一种方式确立"权威"，我认为这可以很好地发挥抑制权力暴走的作用。……不管怎么说，象征天皇制多多少少抑制了我们寻求政治上的领袖人物的心情。①

作为战后民主主义的坚定捍卫者，大塚试图在天皇的"象征"地位中寻找一种几乎是"从头开始"建立民主主义的可能性，也就是一个既摆脱毫无希望的左右之争，也摆脱沉重的历史记忆的崭新起点：

> 我们经历了战后，我们理解"美国的意向"这一宪法条文外部的历史语境；通过彻底摒弃宪法条文外部的美国意向，通过在原理主义的意义上践行宪法条文，我们不必经历加藤典洋所谓的宪法重选或改

---

① 大塚英志『少女たちの「かわいい天皇」』（角川文库 2003 年），第 80—81 页。

图 3-2 大塚英志的著作《少女们的"可爱"天皇》。

宪,也可以保持我们的主体性。我至今没有改变这一宪法观。①

值得注意的是,大塚正是在当时前往皇居为快要病逝的昭和裕仁天皇祈福的少女们身上,看到了这一"纯粹"起点的可能性。在发表于 1988 年 12 月的《中央公论》上的《少女们的"可爱"天皇》一文中,大塚介绍了是年《朝日新闻》上一则耐人寻味的报道:住在东京都练马区的

---

① 大塚英志『少女たちの「かわいい天皇」』(角川文庫 2003 年),第 258 页。

三 政治的"零度"

一位年近五十的公司职员和自己上高中二年级的女儿发生了口角,原因是他得知女儿要去皇居为天皇祈福。"你不知道天皇在战争中扮演的角色吗!"面对父亲的怒喝,女儿的回答是:"看望重病的人有什么不对!"从这次失败的对话中,大塚敏锐地捕捉到了或可称之为"战后民主主义的纯粹出发点"的历史契机:父亲试图从政治立场出发批判女儿的行为,但重要的是,"女儿既没有肯定,也没有否定父亲所否定的天皇像";毋宁说,这些少女"并没有因媒体的煽动而一下子成了天皇主义者。相反,少女们创造出了一种特殊的天皇像,既不同于父亲那里的天皇像,也不同于父亲所否定的天皇主义者们所持有的天皇像"。①

在大塚看来,当聚集在皇居前的制服少女不经意间说出"天皇有点可爱啊"之类的话时,她们通过"可爱"一词将天皇和(例如)尾崎丰、冈田有希子等艺人放在了同一个层面上,其共同之处在于,他们都具有"可称之为'柔弱'或'容易受伤'的意象,或者也可以加上'孤独'或'纯粹'等要素"②。当然,用"柔弱"或"容易受伤"来形容裕仁天皇可以说是匪夷所思;但就战后宪法所规定的"象征天皇制"而言,被排除在历史和政治进程之外,一方面未能找到恰当的"象征天皇制"的履行方

---

① 大塚英志『少女たちの「かわいい天皇」』(角川文庫 2003 年),第 17 页。
② 同上书,第 19—20 页。

图 3-3 1989 年 1 月 7 日午后在皇居前广场上排队为天皇祈福的人群。

式，另一方面也未能回答有关战争责任的一系列问题的裕仁天皇，或许的确符合大塚的论断：

> 我认为，由于生于战后社会而疏离于战后历史的少女们的自我形象，被寄托在了这个不断疏离于"日本"或历史的老人身上——他一边背负着战后史，一边作为天皇又得不到任何权利，甚至不被允许承担责任。①

问题在于，大塚从"可爱"一词中读出的内容，或许和1990年代以降这个词在少女们的相互交流中的实际用法相去甚远。如论者所指出的那样，大塚强调这个词所包含的"孤独感"和"纯粹感"，却没能看到，把天皇描述为"可爱"，事实上恰恰是"可爱"这个形容词被无限泛化和贫乏化的表征。② 换句话说，大塚很可能一厢情愿地在天皇和少女之间确立了一种带有实质内容的类比关系。例如，他用令人动容的笔触写道：

> 一瞬间映在少女们眼中的，是这个孤独而遭人遗忘的"老人"的样貌。这个样貌和身处极端资本主义社会，用"可爱的东西"把自己周围阻隔起来以防止

---

① 大塚英志『少女たちの「かわいい天皇」』(角川文庫2003年)，第265页。
② 参见佐佐木敦『ニッポンの思想』(講談社2019年)中的相关论述，第222—223页。

崩溃的少女们自己的孤独样貌何其相似。①

然而，就在大塚于 1980 年代末写下上述段落之后，他笔下这些要凭借身边"可爱的东西"进行自我防卫来抵御"极端资本主义社会"的"孤独"少女们，很快就会将一切事物都冠以"可爱"的名号，甚至有相当一部分人会开始若无其事地贩卖自己穿过的内衣乃至从事"援助交际"。她们将会热闹地嬉戏于大塚等论者在其中看到危险和脆弱的场所，她们甚至根本不会在乎所谓战后天皇的象征性内涵。于是，当大塚在《感情天皇论》中回顾旧作时，他断然否定了自己以前的判断。如今，在他看来，这些少女们的行为恰恰是"感情天皇制"的表征，是将公共性从天皇制抽离的表征，最终也是日本战后民主主义的"怠惰"的表征：

> （我之前的文章）几乎完全就是在赞美这群将自己等同于作为"世界系"②的天皇的人。我对这篇文章予以否定。如果说"可爱天皇制"是"感情天皇制"的一个表现，那么我们就不应该继续停留在这样的光景中。我们若要成为得以承担现代性、得以运用民主主义的"个人"，就应该放弃迄今为止容许我们怠惰的天皇制。（第 321 — 322 页）

---

① 大塚英志『少女たちの「かわいい天皇」』，第 28 页。
② 关于"世界系"一词的含义，参见本书讨论新海诚的相关章节。

大塚当年在"权力"和"权威"相区分的意义上肯定"象征天皇制",如今则斩钉截铁地说:"防止权力暴走的只能是三权分立的结构和选举。不能到天皇这个三权的外部去寻求抑制权力的功能。"(第329页)不过,如果"可爱天皇论"下的少女们并不"纯粹",如果她们将一切都还原为与自己等身大的"可爱"要素的做法,无法成为大塚所设想的战后民主主义的出发点,那么我们是否也必须跟从大塚的判断而将她们视作民主主义的"怠惰"的表征?

在我看来,未必如此。让我们回到《少女们的"可爱"天皇》一文中的一段话——这也是大塚在《感情天皇论》中加以引述并重点批判的一段话:

> 像文章开头处引述的父亲那样,从思想性的理由来否定这些少女的目光,是不可能的。同时我认为,右翼人士若想将她们培养为热爱"日之丸""君之代"的少女,也是做不到的。这是因为,她们注视的不是"天皇",而是她们自己的样子。①

如果我们和《感情天皇论》中的大塚一样,将少女们的目光解读为公共性的瓦解,岂不是和那位以"思想性"甚或"政治性"的理由否定女儿行为的父亲无异了吗?

---

① 大塚英志『少女たちの「かわいい天皇」』(角川文庫2003年),第26页。

这里的问题在于，当年大塚试图从这些少女们的目光和话语中寻求的"纯粹"起点——包括他同一时期从"御宅族"身上，以及在世界杯看台上唱《君之代》而不知其政治含义和历史重负的日本观众那里所寻求的，亚文化对于民族主义的相对化和无效化的"漂白"作用——或许从来就不足以成为走向现代个体的民主主义政治成熟的起点。但如上面这段引文所示，这一点也并不构成对于少女们的目光（或姿态）的批判：因为她们拒绝一切政治的姿态，不仅包含着对于政治保守主义的拒绝，同时也包含着对于成为民主主义政治起点的拒绝。

然而，这并不意味着我们只能由此得出政府权力的暴走和民主政治的全面溃败的结论。或许，我们不能笼统地把这些既非左翼也非右翼的少女的姿态，和世界杯看台上那些挥舞着日本国旗甚至唱《君之代》的热血观众都一并归拢在"亚文化"的旗帜下，然后据此谈论"亚文化"在思想上转向右翼保守主义的可能性乃至必然性，哪怕这些现象从所谓"非政治性"的角度来说有着很大的相似度。没错，看台上球迷们的朴素的爱国情绪总是倾向于被既有的民族主义话语收编；同时，如大塚1990年代末在和福田和也的一次对话中指出的那样，"漂白后没有摩擦的东西只在亚文化内部流通的话当然没问题，但事实上它会很快回到原来的地方，当然也就容易被利用。其结果是制造出了某种意义上对民族主义没有免疫力的观众。他们所带有的天真的民族主义非常危险，因为摩擦系数为

三 政治的"零度"

零。没有摩擦的东西，究竟会被谁控制呢？"① 对于大塚最后提出的这个问题，答案或许昭然若揭：控制它的将会是裹挟民族主义话语来为权力暴走寻求合法性依据的日本官方意识形态。

但是，与之相对，在那些嘴上说着"天皇有点可爱啊"之类不知所谓的话语的少女们的目光里，既没有"漂白"了的天皇或天皇制，甚至也没有任何朴素的爱国情绪。人们从少女们飘忽而空洞的目光背后，也许无法读出任何政治意识形态。如前所述，与大塚期待的相反，少女们的这种目光也无法通往民主主义政治或任何政治；这种目光与其说是政治的"起点"，不如说是政治的"零度"——而我认为，在叙事和寓言的意义上，战后日本社会也许的确需要这样一种目光。极端地说，对于当今的日本社会而言，为了新的政治的可能性，为了未来的政治或政治的未来，除了思考战前战后日本思想的一系列文化—政治论争的"遗产"，还需要思考如何与这一系列的"遗产"切断关系。如批评家加藤典洋所说："比起关联，文学更深的力量在于断绝。"② 如何从文学的意义上、寓言的意义上凝视少女们的这种目光，可能是比意识形态批判和教育批判更重要的议题。不要误会，这并不意味着（例如）学校里针对年轻人们进行的历史教育——具体而

---

① 大塚英志『少女たちの「かわいい天皇」』（角川文庫 2003 年），第 126—127 页。
② 加藤典洋『敗戦後論』（ちくま学芸文庫 2015 年），第 241 页。

言,即对于19世纪末以来日本建立的现代国家逐步走入帝国主义和军国主义,对包括中国在内的亚洲各国实施惨无人道的侵略战争和殖民的历史展开深刻反思——不再重要。恰恰相反,这些历史教育和反思极其重要,甚至迫在眉睫;但是,正因如此,更应该警惕的是,这些历史教育和反思由于媒体上的各种政治新闻和论坛上的"左右"之争而不断被中性化和陈腐化,乃至扭曲。

可以说,在《感情天皇制》的论述中,被大塚批判为"怠惰"的姿态之所以只能被解读为民主政治的溃败,之所以这些做法和姿态如今在暴走的权力面前显得苍白无力,恰恰是因为民众的这一姿态还不够彻底,还不够"去政治化"。需要注意的是,这里的"去政治化"并不意味着(如那位少女那里的)对于政治事务本身漠不关心的态度,而是指在政治本体论的意义上重新思考回到政治的"零度"的可能性——回到政治得以为政治的场所,回到政治的可能性条件。换句话说,在寓言的意义上,少女们的目光将我们暂时抽离寻求政治事务之具体解答的层面,要求我们重新思考"政治的概念",思考自身所处的共同体的存在方式以及它所追求的目标、价值和德性。

简明地说,当今日本社会所面对的一系列政治事务,无时无刻不在要求人们重新发明谈论政治的语言,而这种语言决不会从迄今为止陷入僵局的种种话语争论中自然而然地产生;毋宁说,无论是战后民主主义者还是保守主义者,论者们长时期的交锋已经产生了一个相对自足甚至精致的言论空间,以至于任何新的政治现实都不得不被还原到既有的争论图景之中。如马克思曾经指出的那样,人们身着从古代借来的服饰进行着一场又一场时空错乱的对峙。

在这个意义上,让我们再一次回到皇居前的现场,回到大塚当年诉诸"柔弱"和"容易受伤"来试图理解和接近的那些其实既不柔弱也不容易受伤的少女。她们的语词也许非常贫乏,她们的历史认识和政治意识也许非常稀薄,她们也许没来由地为自己的生活指定任意的好恶标准,她们无疑对"大人"们的指责不屑一顾,她们恐怕会对"大人的世界"的法则和价值体系置若罔闻。她们甚至可能对裕仁天皇一无所知,对他参与的侵略战争一无所知,对日本战败和美军占领的历史一无所知,对自身的历史一无所知;喜好修辞的文学家可以称她们为尼采笔下的"末人",忧心忡忡的教育家势必要操心如何培养她们的"历史感",而批判知识分子已经开始透过现象看到新自由主义的本质。

但这些和她们的目光全不相干。她们并没有创造出什么独一无二的"天皇像",她们"注视的不是'天皇',而是她们自己的样子"。在她们眼中保守主义和民主主义一样无聊,在她们看来,那是一个属于"大叔们"的世界,而少女们拘泥于自己的"世界"。当然,从日本社会的政治现实的角度来说,年轻人愈趋严重的"政治冷感"早已不是什么新鲜问题,关于年轻人与政治保持距离的态度，不同的论者也早已做出了相当数量的考察和分析。但是，我在这里想要强调的是另一个问题，也即当左翼和右翼话语无法将这样的年轻人培养成保守主义者或革命论者（至少在那位少女想要去皇居给天皇祈福的"当下时刻"，左翼或右翼的话语都失灵了），或许我们应该从中听到一种本身不具有公共性，却可能不断威胁由主导意识形态话语所规定的公共性言说的边界的噪音，一种在体制化了的学科框架下只能显影为资本主义市场下异化了的客体、碎片化的个体、消费社会的娱乐受众等刻板形象，同时却又比上述任何一个刻板形象都更有活力、更为柔软灵活、更加难以捕捉的形象。简单地诉诸"年轻人不关心政治"等说辞，无法让这些形象现身。的确，我们可以从社会学的角度、历史的角度、政治的角度、文化史的角度来说明这些少女"去政治化"和"去历史化"背后的原因，但这些都无法解释为什么她们会没来由地、心血来潮般地去皇居前为天皇祈福，而她们可能在下一个周末又会随性地参加一场反思现代日本天皇制的公开演讲。无论如何，事后试图将这些行为回溯性地阐释为年轻人的民族主义或保守主义倾向的做法，反而暴露了知识分子自身的荒腔走板。

在这个意义上，大塚也许的确误认了少女们口中的"可爱"一词在1980年代的时代语境下的无限泛化和贫瘠化，但恰恰在少女们的"拒绝"姿态上，大塚的误认反倒点出了问题的关键所在。最后，让我们借助宫台真司对"可爱"一词的当代语义史的考察,来阐明大塚那里的"误认"或"误读"的历史重要性。宫台指出,"可爱"一词用来指涉成熟的女性身体,基本上可以明确地追溯到1969年。那一年,本村三四子的少女漫画《妻子是18岁》(『おくさまは18歳』)得到极高的关注,在某一特定意义上使用的"可爱"一词也随之流传开来。"一言以蔽之,"宫台写道,"可爱=不是大人的大人"——所谓"不是大人"的部分,指的是"不是那种被世俗所淹没的存在"或"不是那种无法理解初高中生

图 3-4 本村三四子的少女漫画作品《妻子是18岁》。

的大人"。① 宫台将这种特定用法得以产生的条件界定为"可爱"一词的"反文化语境"。这种"反文化语境"具体对应于 1960 年代末日本各地兴起的学生运动：在当时，"性解放"不仅成为学生们的激进诉求之一，而且在如《十七岁》等杂志上甚至出现了"怀孕的高中生"的形象，一反通常人们对于"少女"的纯洁和纯粹的想象。

与上述用法相对的是，到了 1970 年代之后，"可爱"一词身上的"反文化性"逐渐开始褪去；1974 年，随着

图 3-5　1974 年，写真杂志《GORO》封面上刊登的筱山纪信的热辣照片。

---

① 宫台真司「「かわいい」の本質——成熟しないまま性に乗り出すことの肯定」，東浩紀編『日本的想像力の未来——クール・ジャパノロジーの可能性』所収（NHKブックス2010年），第 74 頁。

三 政治的"零度"

写真杂志《GORO》的创刊，写真女星筱山纪信刊登在杂志上的著名的热辣照片使得"可爱"一词的语义开始发生变化："从'被大家喜欢'变成'只有我了解'的私密性意义上的'可爱'。"① 关于这种转变的心理契机，宫台写道：

> 年少世代的少女们对媒体上的这种"性解放"的泛滥感到困惑。她们感到"性很可怕。虽然关心这个问题，但自己的话肯定做不到"。于是，陷入无秩序状态的少女们就将"可爱"作为自我封闭的工具加以利用了。②

可以说，大塚从高中女生口中的"可爱"一词读出的内容，差不多对应于宫台所梳理的1970年代的状况。然而，在宫台看来，这样一种自我封闭和自我保护的用法，从1980年代后半叶开始发生转变，而这种转变同样与整体历史条件的改变密不可分。简言之，从这一时期开始，"描写恋爱的漫画、电视剧和电影，总体上都成为表现'的确有这种情况'式的符号。在这里，由关系性履历所构成的不可替代性已经不复存在，存在的只是谁都可以代替的符号性主体。关系性履历是'成长'的可能性

---

① 宮台真司「「かわいい」の本質——成熟しないまま性に乗り出すことの肯定」，東浩紀編『日本的想像力の未来——クール・ジャパンノロジーの可能性』所収（NHKブックス2010年），第75页。
② 同上书，第76页。

条件，而符号消费则是和'成长'毫无关系的行为"①。要言之，这便是任何总体性的"宏大叙事"都开始失效的后现代状况。重要的是，在一切尚未被"符号化"之前，当人们对于历史宏大叙事的想象和渴望仍然维系着某种基于特定共同体的特定价值体系的语法时——哪怕在物质的层面上，体现这种价值体系或道德规范的制度性保障已经或正在处于瓦解的过程中——"可爱"一词及其发挥的自我封闭的作用，为少女们想象性地构筑和营造了一个所谓"社会脉络意义上的无关联"的空间，一个貌似与外界绝缘的自我空间。在宫台看来，这个不同于家庭、地域和学校的"第四空间"（如果这个空间的言语表达体现为"可爱"一词，那么它的空间和物质表达则体现为之前提到过的沿街的"约会俱乐部"），无疑在特殊的历史时期成为少女们的"回避场所"，让她们可以暂时地从"'谎言社会'的束缚"中解放出来，从社会的、公共的、家庭的凝视那里逃脱出来。②

然而，宫台认为，进入1990年代，尤其是到了"援助交际"盛行的1996年前后，"想依靠自我封闭来回避的现实的困境，和之前相比已经发生了质的变化。一言以蔽之，过去的困境是时代问题，即社会中有着凹凸和明暗；

---

① 宫台真司「「かわいい」の本質——成熟しないまま性に乗り出すことの肯定」，東浩紀編『日本的想像力の未来——クール・ジャパンノロジーの可能性』所收（NHKブックス2010年），第81頁。

② 同上书，第85—86页。

而自从凹凸和明暗被无关联化之后,如今的困境呈现为全面平面化的状态"①。这种变化在言语上的表现即是用"可爱"一词来将一切都暧昧化、无害化、扁平化。不过,就像之前已经提到的那样,在大塚对于"可爱"一词的"误认"中,重要的并不是他在少女的"可爱"和天皇的"孤独"之间建立了错误的实质性类似关系,而是他的"误认"恰恰向我们展示了少女的言行举止中包含的"政治的零度"的契机。重复一遍,如果作为自我封闭和自我保护工具的"可爱"一词,依然预设了少女们在言语层面上与特定社会秩序和价值体系所要求和(再)生产的规范(道德的、政治的、文化的、思想的、历史的、教育的、礼仪的等等)进行自我分疏乃至抵抗,也即依然预设了"内部"(自我)和"外部"(家庭、学校、社会等等),那么在宫台所提到的"全面平面化"的状况下,就像大塚所论述的那样,少女们从天皇身上看到的"只是她们自己"——她们的目光不仅仅将一切都"无害化",不仅仅将一切关系和宏大叙事都还原为偶然的、任意的、临时的、可以随心所欲进行替换的符号,而且随机地、不可预测地向迄今为止被认为具有政治重要性的事物和语词(包括但不限于"天皇")赋予另一种意义和用法。事实上,这不啻一种"亵渎",将被视作神圣的、

---

① 宮台真司「「かわいい」の本質——成熟しないまま性に乗り出すことの肯定」,東浩紀編『日本的想像力の未来——クール・ジャパノロジーの可能性』所収(NHKブックス2010年),第86頁。

从日常生活中隔离出去的事物重新拉回到日常生活之中，甚至拉回到私人领域之中，重新界定它们的意义、作用、价值。

如果日本战后民主主义已经在当代日本的政治生态中宣告破产，如果现代性个体的政治成熟已经让位给了遍布各种社交平台的"仇恨话语"和排外性民族主义，而这种狡猾地介乎个人情绪宣泄和集体性言说之间的表达方式又无时无刻不被操纵和利用（一种"去政治的政治化"），如果"左翼"和"右翼"的言论都已经自我体制化为看似相互对立、实则相互扶持的话术体系，各自在默认的边界中，在默契的规则下，在默许的话题上重复着陈旧的攻防演练，生产出一个又一个继续在社交平台上发酵、煽动对立和谩骂的"热点话题"，那么我们眼下所能做的，或许至少是从这些披着特定政治话语外衣的"感情"表达那里后撤一步——哪怕是暂时地、战略性地后撤一步，退回到少女们的"去政治化"或"非政治化"的场所，退回到她们飘忽不定、极端偶然的目光那里，退回到令既有的政治论辩都失效或失重的场所。这不是为了认同她们的"政治立场"（一种没有形状的东西）或她们的"世界观"（一种正在成形的东西），而是为了在她们的目光中寻找暂时使得喋喋不休的政治诡辩和话语游戏失灵的那个"零度"的时刻，一个仿佛没有政治性、却又和她们的"感情"、她们的日常生活、她们的自我筹划和自我理解休戚相关的时刻。

三 政治的"零度" | 83

图 3-6 池袋被视为"宅女"们的聚集地。

四　在女仆咖啡店的门前

现如今，女仆咖啡店早已不是什么新鲜的文化现象。在形形色色的日本旅游手册和网站上，都能看到有关女仆咖啡店的科普性介绍和推荐。并且，女仆咖啡店早已从其发源地东京秋叶原辐射到其他城市乃至海外。甚至可以说，女仆咖啡店已经显得稀松平常，以至于无法像十多年前那样，引起游客们的"猎奇"兴趣。曾几何时，似乎逛女仆咖啡店和逛模型店、买动漫周边一样，乃是外来游客体验以秋叶原为代表的日本"二次元文化"或"宅文化"的一部分，而事实上，这种认识也和女仆咖啡店的自我宣传和定位相当一致。当然，主要面向女性消费者的"执事咖啡店"也并不少见，但在数量和知名度上都远远不及女仆咖啡店。

一般而言，出入女仆咖啡店的顾客（以中年男性居多，间或也有颇为时髦的"精神小伙"），在店内所做的，除了吃饭喝茶之外，无非就是和女仆玩玩桌游、聊聊天。然而，在"正派人"眼里，女仆咖啡店多少显得有些不正经、不自然、不健康,至少绝对称不上是适合周末举家前往的休闲场所。这种直觉固然带有偏见的成分(这种偏见中经常混杂着对于所谓"二次元文化"的总体偏见),但也有一定的道理。只不过,这里的"不健康"倒不是因为女仆咖啡店包含什么"软色情"——毋宁说,如下文所表明的,女仆咖啡店显得"不健康"的症结在于,它提供了一种特殊的交流方式,以扭曲的形式在女仆和顾客那里双向透支了日常的人际关系所包含的对他人的伦理承诺(commitment)。不过,在涉及这个问题之前,还是让我们以秋叶原为中心,简单介绍一下女仆咖啡店的诞生和演变。

众所周知,女仆咖啡店作为一种特殊的日本亚文化形态,其起源可以追溯到1997年发售的一款美少女恋爱电脑游戏《欢迎来到Pia Corrot!! 2》(Pia♡キャロットへようこそ!! 2)。在1998年8月举行的文化节"東京キャラ

图 4-1　电脑游戏《欢迎来到Pia Corrot!! 2》封面。

クターショー1998"上,出现了一家还原游戏场景的真实咖啡店,扮演服务员的女生以"女仆"形象端茶倒水为顾客服务,引起了游戏粉丝们一片叫好。2000年,咖啡店"Café de COSPA"开业,而它也是之后大名鼎鼎、营业至今的女仆咖啡店"Cure Maid Café"的前身。以此为契机,女仆咖啡店在日本全国各地开始蓬勃发展。2005年,随着收视率极高的电视剧《电车男》的播出,剧中主人公经常光顾的女仆咖啡店也成为一时的焦点,吸引了不少本身并非"御宅族"的人们前往"圣地巡礼"。据统计,2005年夏,秋叶原的女仆咖啡店数量在15家左右,而这一数字到2007年夏天达到了59家之多。也正是这一年,"萌"一词入选了当年日本社会的流行语,而女仆咖啡店则被视为"萌"文化的典型代表。关于"萌"这个语词(如果不是"概念"的话),批评家四方田犬彦指出:"'萌'总是伴随着某种不充分。它试图接近本来就不存在的东西,因而尽管可以在影像的意义上进行占有,却无法达到它的实体。"[①] 可以说,这种"不充分感"本身会使得"接近行为"发生增殖,从而在受众那里围绕"萌"的特定对象而形成一系列连锁的、重复性的、空洞的尝试。我们会看到,这也部分说明了女仆咖啡店何以与"萌"始终有着密切关联。

---

① 四方田犬彦『「かわいい」論』(ちくま新書2006年),第155页。

图 4-2 日本大型连锁女仆咖啡店 maidreamin。

2007年左右，一些店铺以"女仆"身着高中体育服等特殊服饰为卖点开展活动，甚至引发顾客在女仆咖啡店门前排起了几百米长的等候队伍。在当时的女仆咖啡店热潮中，光顾女仆咖啡店的"御宅族""研究者"们也开始做出种种空洞的内部区分：例如，各个店铺按风格被分为"治愈系""萌系"等等（甚至还能分出"左派"和"右派"）——此中光景，正如"偶像厨"们乐此不疲地讨论"AKB48"和"乃木坂46"的重大区别、网友们争论可口可乐和百事可乐的实质差异一般。

但另一方面，在过去十几年中，一个不争的事实是：哪怕是在东京的秋叶原，无论是"左派"店铺还是"右派"店铺，女仆咖啡店都纷纷开始倒闭。就像所有昙花一现的流行文化现象一样，伴随着2005年流行语"萌"而一时间夺人眼球的女仆咖啡店，似乎也随着时间的推移而风光不再。尽管一些老牌的女仆咖啡店会强调自家的咖啡或食物多么美味独特，但在女仆咖啡店堪称激烈的生存竞争中，在食物和饮料上精益求精或许从来就不是一个吸引顾客的有效策略。没有多少人会为了体验一把"米其林一星蛋包饭"（如果真的可能的话）而选择去女仆咖啡店；同样，事实上也没有多少人会为了体验所谓"二次元文化"而成为女仆咖啡店的常客。

尽管如此，或正因如此，当女仆咖啡店的热潮已经退去，究竟是什么仍然促使着一些顾客出入这些店铺，便是一个值得思考的问题。也许恰恰是在女仆咖啡店作为一个

四　在女仆咖啡店的门前

图 4-3　女仆咖啡店的内部风格。

新兴文化现象从一般公众视野中逐渐淡出之后，它才会向人们显示自身的秘密。一个有趣的现象是，近年来一个转变正悄悄发生在秋叶原：越来越多的女仆咖啡店开始转型成一种名为"Café and Bar"的新型店铺。这种店铺没有了女仆咖啡店原本"特有"的台词或标语，少女们的服装也并不固定于"女仆装"，甚至店面装潢也与以往女仆咖啡店的色调及风格相去甚远。像一般的夜总会（キャバクラ）那样，这样的店铺开始兜售起昂贵的（无酒精）香槟，一瓶售价在几千至几万日元不等。但在其中打工的高中生或大学生，仍然会认为自己是在女仆咖啡店打工，而顾客们也会有意无意地模糊这些店铺和往日的女仆咖啡店之间的界线——或者说，这种界线原本就不存在。在这个意义上看，我们需要关注和探讨的重点对象，就不是那些被"萌""亚文化"等符号吸引的外国游客，甚至不是最初因女仆咖啡店和游戏或动漫之间的关联而进店的"宅男"，而是那些对这些符号不管不顾、只是在女仆咖啡店内"游戏人间"的人们。这些"大叔"或许对"二次元文化"一无所知，更没有什么"圣地巡礼"的概念，他们也许只是为了和"女仆"们说话而成了店里的常客，开了一瓶又一瓶的香槟。我认为，在这群看似和女仆咖啡店的"目标顾客"有很大距离的"大叔"这里，恰恰潜藏着关于女仆咖啡店的真相。

在所有女仆咖啡店的菜单里，都会有一页面向顾客的"行为准则"，记载的往往是一系列"禁止"事项：禁止

四　在女仆咖啡店的门前 | 91

图 4-4　位于东京秋叶原的女仆咖啡店。

询问女仆个人信息，禁止触碰女仆，禁止擅自拍照，禁止污言秽语，禁止在店门口等候女仆上下班，等等。这些标志着"正规经营"的准则，不仅将女仆咖啡店区别于一般所谓的"风俗行业"和夜总会，更重要的是，恰恰是通过行为上的这些"禁止"，女仆咖啡店向顾客保障了一种有吸引力的交流方式。如果说在一般的风俗业，顾客通过金钱交易一开始就将为自己提供风俗服务的女性或男性转化为一种抽离了人性的"商品"，或者说，从事风俗业的男性或女性本身就是一个行走的商品——众所周知，本雅明(Walter Benjamin)对妓女的商品性质曾有过精到的分析——那么从原则上说，风俗业的顾客自始至终都无法在"人际关系"的意义上与对方建立实质性的关联。与之相对，恰恰是通过一系列"禁止"，女仆咖啡店事实上在行为法则层面为顾客保障了交流的"人格性"或"社会性"。这些行为准则与其说是对顾客潜在的不轨举动的预先禁止，不如说是在向顾客承诺：在这里和你交谈的，是健全和正直(integrity)的少女。所以，针对女仆咖啡店，需要提出的问题并不是"它是否属于软色情"，更不是追究哪些店铺其实在合法外衣下偷偷经营着风俗服务——可以说，对此越是精通的人，距离女仆咖啡店的"真相"就越远——相反，需要提出的是一个再简单不过的问题：令许多人乐此不疲地沉浸其中的、由这些"禁止"所生产的交流，具有怎样的性质？

图 4-5　位于池袋的一家主题咖啡店。

不同于曾经的"JK散步"或如今的"出租女友/男友"（顺便一说，这两者也都不属于"风俗业"，尽管两者的欲望指向看起来均较为明确），女仆咖啡店在物理的意义上严格框定了一个位置和边界；在时间和空间的双重意义上，女仆咖啡店有意将自己与周围环境、与日常生活隔离开来，仿佛迪士尼乐园一般，剔除了所有可能唤起顾客对于"外部"的联想的因素。（这一点在过去的女仆咖啡店里体现得尤其明显：粉色、红色和白色的主色调与各类"可爱"物件的过分堆砌，构成了诸多女仆咖啡店的一般装潢样式。）而这就是为什么，顾客会被严格禁止在店门口等候女仆上下班——与其说这个准则是为了防止"跟踪狂"，不如说是为了切断少女们的日常身份和"女仆"身份之间的联系。

然而，不同于迪士尼乐园，女仆咖啡店不愿意也不可能经营一个彻底由"拟像"构成的封闭世界。诚然，有几家连锁性质的、甚至作为日本"软实力"战略之一部分而得到大力宣传的女仆咖啡店，会反复突出一些特定的符号(包括"欢迎回家，主人"等问候语，女仆在端上咖啡或蛋包饭时的撒娇言语和手势，等等)，但是，再说一遍，除非是跟着旅游手册慕名而来的外国游客，那些经常出入女仆咖啡店的顾客只会对这种看似最"硬核"的连锁店不屑一顾，原因也很简单：在他们看来，上述符号根本没有意义，也丝毫不构成吸引力。相反，他们对于这样一种女仆咖啡店的评价往往是：女仆把饮料端上来之后就冷漠地把客人晾在一边了。

换句话说,这些顾客(或常客)去女仆咖啡店的目的,不是为了体验一系列被贴上"萌"标签的符号,不是为了进入什么"萌萌哒二次元世界",而是为了和扮演"女仆"的少女进行不遵循这些符号定义的交流,一种让双方暂时忘记彼此"角色身份"的通常交流。用一个吊诡的表述,可以说,只有在女仆表现得最不"女仆"的时候,只有双方不进行约定俗成的游戏的时候,女仆咖啡店才显得有吸引力——我愿意反复强调这一点:那些花一下午泡在店里跟女仆说笑话、吃零食乃至变魔术的顾客,对于"主人/女仆""二次元""萌文化"之类的符号毫无兴趣,他们只是专注于和女孩子聊天,仅此而已。

不过,如果是这样的话,在如今社交软件极为发达的情况下,在人人都可以轻易向社交平台上的陌生人发信的情况下,专程去女仆咖啡店里说上一些无关紧要的话,吃一碗无可无不可的蛋包饭,甚至点上一瓶昂贵的香槟酒,这么做的愉悦(且不论"意义")在哪里?我认为,答案已经在前面给出了:首先,在这个特定的时间和空间内,因为各种"禁止"的保障,顾客自己支付的金钱并不会将女仆变成一个"商品"(至少在想象的层面上如此),而是(仿佛)可以实实在在地和扮演"女仆"的少女本人交谈——在这里,"女仆"不是商品,和"女仆"的交流才是商品。人际关系和交流本身,或交流背后的社会性本身,在此被转化为商品。以一种畸形的方式,女仆咖啡店首先将"女仆""去社会化"——你无从知晓她们的真实姓名、年龄、联系方式,她们是只存在于这个空间内的独特个体——然后进行"再社会化":她们会尽可能将除了有透露个人信息危险的情报之外的一切日常琐事都带入和顾客的交流之中。你可以了解到这个和你说话的"女仆""是什么",却无法从中了解她"是谁"。必须强调的是,无法了解对方"是谁",并不仅仅是因为不知道对方的个人信息,更是因为所有这些关于"是什么"的信息原本应该和一个完整的生活世界连成一片,原本应该自然而然地透露出对方"是谁",如今却被碎片化地、去语境地抽象成一堆作为商品的交流,仿佛是一堆不可整合的数据,以至于这些虚虚实实的碎片化信息无法通往一个生活世界的整体。在这里,"谁"始终要被还原为"什么"。

另一方面,一旦交流被转化为遵循市场逻辑的商品,金钱交易就抹去了一般意义上的交流所包含的偶然性和危险性,而这也正是女仆咖啡店的根本魅力所在:简言之,日常生活中与他人交流乃至搭讪时不可避免地带有的、可能导致交流失败的各种因素——但也正是以此为前提、以交流失败的可能性为前提,我们与他人的交流才包含了我们对于他人的伦理承诺——在这里都被事先排除在外。无论你出身、职业、长相、年龄如何,甚至语言不通,你都不会遭到招揽顾客的"女仆"的拒绝。在这种商品化了的交流中,你"是什么"根本不重要;但反过来说,也正因此,这种交流提供的一个假象是:无论你"是

四　在女仆咖啡店的门前 | 97

图 4-6　位于东京新宿的"歌舞伎町"以各类夜总会的聚集地著称。

谁"，你都已经被对方无条件地承认和接纳了。

但是，照这么说，似乎女仆咖啡店和一般意义上的夜总会并没有太大的区别。就双方都以"交流"为商品而言，的确如此；不过，这里不能不考虑到的是，"女仆"和"陪酒女"（キャバ嬢）是两个完全不对等的身份：第一，就行为模式而言，夜总会的顾客会约定俗成般地期待自己在场内"指名"的女生在正式营业时间结束后联络自己，转场到深夜酒吧继续聊天甚至去酒店；而这种游离于明确规则之外的交际是女仆咖啡店严格禁止的。第二，更重要的是，无论是"陪酒女"还是"风俗女"，都已经在既有的社会结构以及人们的认知中占据了一个稳定的位置，甚至由此形成了一个特殊的社会群体，这样一个结构性位置或明确或暗示地规范着双方的行为举止乃至谈话内容，以至于看似游离于规则之外的交际也可以遵照"有章可循"的模式进行；相对而言，"女仆"则借助一系列符号（比如"萌"就是区别性特征最明显的一个），始终将自己脱离于约定俗成的社会认知和行为模式。对于在女仆咖啡店里工作的高中生或大学生而言，她们的自我理解也只是找了一份时薪颇高的工作，而不是获得了某个特定的社会身份，更不是从事了一种特殊的职业。

重复一遍，尽管夜总会原则上也禁止"陪酒女"和顾客发生肉体关系，但顾客和她的关系本身从一开始就可以在社会结构中找到一个意义相对稳固的位置，这种稳定性也正是种种"潜规则"得以可能却不至于破坏行业生态的一个重要因素。相对地，女仆咖啡店的顾客和"女仆"之间的交流，则更像是打着"主人/女仆"的幌子进行的普通交流。这也就是为什么"女仆"的身份可以千变万化：有的店铺以"巫女"为风格，有的以"欧洲中世纪"为风格，有的以"战国时代"为风格；但无论服装怎么变化，"女仆"和顾客的交流性质本身都不会变化。没有哪个顾客会认真地要求和自己聊天的"女仆"掌握日本神道或中世纪欧洲的相关知识，也没有哪个"女仆"会特意去事先准备这些知识。甚至如今在"御宅族"全面式微的社会背景下（不能忘记的是，"御宅族"本身是特定历史语境的产物），在似乎理应和"御宅族""二次元"等话语结合在一起的"女仆"中间，不少人平日里也很少接触 ACG 文化，更不要说对女仆咖啡店本身的历史有多少了解。（与此相比，如果迪士尼乐园的唐老鸭扮演者丝毫不考虑自己的"唐老鸭"身份，甚至对"唐老鸭"一无所知，频频做出不符合"唐老鸭"形象的举动，那将是不可想象的。）

  因此，可以说，女仆咖啡店的顾客通过这种扭曲的交流形式，寻求的其实是一种再普通不过的日常交流。女仆咖啡店通过特殊的时空设置，为顾客提供的并不是"非日常"的"梦幻"身份或"二次元"体验，而是一种（徒劳地）对抗日常生活的"替代性日常"（它向顾客诉诸的语法是："生活不应该是这个样子的"）。在这个意义上，"女仆""萌"等符号所起的作用是先于或外在于交流的作用，其目的是将交流本身"无害化"。在本书中已经被多次援引的宫台真司，在分析1990年代高中女生的交流方式时，曾强调这种"无害化"工具的社会背景：

> 对方如果和自己共同拥有很多事物，那就不可能单纯作为"东西"而出现。从某种意义上说，双方"作为同一个共同体的成员"，从一开始就能作为"无害的存在"而相遇。事情到了东京就不一样了。由于完全不知道对方是什么人，对方就成了"危险的存在"，需要人为地用"可爱的大叔""只不过是色色的老头子"等方式将对方转化为"东西"，也就是用"记号"进行打包，才能在某种程度上作为"无害的存在"而与之相遇。①

宫台提到，不同于东京，在青森这种小地方从事"电话风俗"并和顾客发生性关系的少女们，可以很随便、很容易地与顾客进行涉及个人生活的交谈，因为双方作为"同一个共同体的成员"在前提上分享了交流的可能性条件。例如，宫台举的一个例子是，某个"客人"会在得知对方正在准备大学入学考试后，再多给对方几万日元以表示鼓励。与之相对，在东京这样的大都市，人们彼此之间对于共同体的归属感非常稀薄，少女们和顾客之间并不

---

① 宫台真司『まぼろしの郊外』，第44—45页。

共享任何交流的前提，于是包括"可爱"在内的一系列没有实质内容和指向的、仅仅用于维系"可交流性"的符号便得以被大量生产和运用。

但另一方面，"女仆""萌"等符号也绝不仅仅是可以忽略不计的表象。同样是在这里，"正经人"对女仆咖啡店投去的带有偏见的目光，往往比"一本正经"地宣传"萌文化"，乃至(例如)将"萌"和日本传统文化的"物哀"联系在一起的做法，更能揭示问题所在。不过，在"正经人"的目光下显得可疑的女仆咖啡店，其可疑之处决不是依附其上的"萌""二次元"这些符号本身。还是让我们以宫台真司对于"电话风俗"和"约会俱乐部"的分析为例。宫台提到，1994年夏天，媒体对"约会俱乐部"进行了大量报道，意在揭露这个据说让高中女生从事非法卖淫活动的灰色地带(虽然根据宫台的调查，实际和客人发生性关系的少女不超过二成)，反而引起了意想不到的宣传效果，即导致了更多的女生抱着对"约会俱乐部"的错误认识而投身其中：

> 一开始就将"约会俱乐部""误认为"从事卖身交易场所的高中女生大量涌入的结果是，从前不卖身的孩子开始没有客人光顾，仿佛被排挤一般开始从"约会俱乐部"引退。媒体披露"约会俱乐部里面甚至有卖淫行为"，这信息本身没有错。但是，一部分高中女生看到之后的反应却是"她们可以的话，我也

可以",从而一开始就抱着卖身的打算而进入"约会俱乐部"。如此,以媒体的大量报道为转折点,"约会俱乐部"变成了"卖淫老巢"。①

然而,宫台的分析并不止于揭示媒体以及社会舆论对于像"约会俱乐部"这样的"可疑"场所的偏见和歧视性报道如何带来事与愿违的结果;相反,他指出,对于"高中女生卖淫"的集中报道,反而使得"高中女生"这个符号得到了净化或"陈腐化",从而剥除了社会赋予"高中女生"这个符号的特定的、与"性"有关的商品价值。对此,宫台写道:

> "高中女生"的包装之所以有意义,正是因为存在"清纯的高中女生"这种虚构。一方面是"对性的禁止",另一方面却是"与'性'有关"的存在,这种双重性生产出了色情符号。然而,高中女生在媒体报道中大量涌现后,她们不但不"清纯",反而看上去"危险"起来。经过1993年的水手服骚动和1994年的"约会俱乐部"骚动,"高中女生"这个符号开始通货膨胀,和高中女生发生性关系也就不再具有"打破禁忌"的意义。……说来的确吊诡,但"高中女生"的符号的陈腐化本身是一件好事。②

---

① 宫台真司『まぼろしの郊外』,第91—92页。
② 同上书,第94—95页。

宫台反复强调,现代日本社会对于"高中女生"的色情想象本身并不"自然"——它的历史基础是现代学校教育体系对于性别和身体的一系列规定,以及对于公民及其家庭生活的一系列规范性再现,而这些都与日本传统的"村落"文化格格不入。无论如何,在相似的意义上,可以说起源于美少女恋爱游戏的"女仆"符号,同样也为在女仆咖啡店里打工的女生——大部分都是高中生或大学生——附加了一层特殊的商品价值。这层特殊的价值和"女仆"身份原本在欧洲的历史性存在与社会阶层定位没有任何关系。不同于"高中女生"作为随现代学校教育体系的规范性塑造而产生的符号所具有的相对稳定的意义和附加价值,"女仆"作为一个与职业身份意义上的女仆无关的符号,作为一个"拟像的拟像"(描画"女仆"的美少女恋爱游戏本身已经是"女仆"的一个拟像),它的作用是使得这些女生和顾客之间的交流显得不像它本然如此那般匪夷所思、令人不安。(在一般意义上来看,一个高中女生对着初次见面的、与自己父亲年龄相仿的男性使用亲昵的称呼,这不能不说是一件匪夷所思、令人不安的事情。)

图 4-7　日本知名女仆咖啡店 Cure maid cafe。

换一种说法，如果说"高中女生"符号的色情特征在于人们对于高中女生"与'性'无关"同时又"与'性'有关"的双重想象，那么"女仆"符号的可疑之处便在于，它使得一个奇特的现象显得顺理成章，即女仆咖啡店在通过商品逻辑取消顾客和"女仆"的人格性的同时，又为顾客提供了一种原本无法脱离人格性在场的交流模式(的表象)。

　　诚然，如前所述，热衷于出入女仆咖啡店的顾客和"女仆"在交流过程中并不会在意这些符号，他们只是在进行一般的日常会话；但正因如此，通过商品化过程，这种交流的"摩擦系数"被降为零——与其说双方在这个特定时空内扮演着"主人"和"女仆"的角色身份(一种关于女仆咖啡店的文化和意识形态想象)，不如说双方均被还原为无特征、无人格的个体，双方的关系被建立在一种"去社会性的社会性"的基础上：一切原本具有深度、具有人格性特征的交流内容，一切原本与个人生活方式及价值认同密不可分的经历，在这个特殊的场合下，都零碎地、抽象地浮游在一个没有深度的平面上。"女仆"和"主人"的符号，再好不过地表征了这种"深度的缺席"，同时又掩盖了这种缺乏深度的、非人格性的、去社会性的交流可能带来的不安：毕竟在日常生活中，这样一种交流不仅是不可欲的，而且是不可能的。在女仆咖啡店中进行的交流与日常交流中的社会性的关系，构成了一种"排斥性包含"(exclusive inclusion)的关系，正如它在行为准则上的一系列"禁止"同样以"排斥性包含"

的扭曲方式保证了双方人格性的(虚假)在场。

如果人天生是社会的动物,那么带有上述"排斥性包含"结构的扭曲交流模式,一方面不断刺激和生产着人们交流的欲望,另一方面也永远不会满足这种欲望。因为在女仆咖啡店里,交流中出现的所有内容,最终都仅仅服务于一个目的,即反复确证双方的"可交流性"——而这一"可交流性"的真正前提,却是"女仆"和顾客都讳莫如深的、交流的商品化逻辑这头"房间里的大象"。换言之,在这里"可交流性"永远也不可能通往具有人格性的交流。一些逡巡在秋叶原的各个女仆咖啡店的顾客,也许是女仆咖啡店最"典型"的顾客,同时也是再好不过的一个症候:他们一方面在毫无"摩擦系数"的情况下自由出入各个店铺,和装扮各异的"女仆"开着热烈的玩笑,另一方面却无法建立起任何严肃的人际关系。正如卡夫卡小说里的"法之门"那样,女仆咖啡店向顾客永远敞开的大门背后空空如也;但不同于卡夫卡笔下那个在"法之门"前徘徊的乡巴佬,这些顾客焦虑地、玩世不恭地、乐此不疲且永不满足地出入各个大门,徒劳地追求着(或试图遗忘)具有人格性的交流。我相信,在历史的记忆中,最终女仆咖啡店将定格为这样一个场景:在一个平常日子的午后三点,位于街角一栋小楼二层的小店内,三三两两地坐着几个正在休息的"女仆"。一位身着皮夹克和牛仔裤、年龄看来四十上下的大叔正唾沫横飞地侃侃而谈他上周经历的趣事;对面的少女漫不经心地听着,一边不失时机地提醒:"还有三分钟,要延长吗?"

五　偶像的面庞

——AKB48 及其他

（一）作为文化现象的 AKB48

2015 年 6 月 6 日，日本少女偶像组合 AKB48 举行了团体成立以来的第七回"选拔总选举"，即以粉丝投票形式决定哪些成员可以进入下一张单曲的 16 人选拔名单——自 2009 年以来，一年一度的选拔总选举已经成为团体内部成员地位角逐的象征。在这次选举结果的前七名中（在 AKB48 粉丝中，总选举出的前七名成员被约定俗成地称为"神七"），第一位的指原莉乃获得了 194049 票；第二位的柏木由纪获得了 167183 票；第七位的宫胁咲良获得了 81422 票。① 由于选票是以附于 CD 中的形式发售的，当年附带选票的单曲《我们不战斗》（僕たちは戦わな

---

① 数据来源于 AKB48 官方网站：http://sousenkyo.akb48.co.jp/result.php。最终访问日期：2024 年 3 月 10 日。

い）首周销量便突破了 167 万张。① 也就是说，单就"神七"成员所获票数而言，粉丝们便为之花费了 15 亿 5600 多万日元，约合人民币 7686 万元。相比之下，在 2009 年 7 月于赤坂 BLITZ 举行的第一回选拔总选举中，票数最多的前田敦子只获得了 4630 票，位列第二的大岛优子获得了 3345 票，而第七名板野友美获得的票数仅为 2281 票。也就是说，在短短几年时间内，AKB48（包括其"姐妹团体"）受到的关注度呈现了大幅度的增长：如果说由制作人秋元康一手打造的 AKB48 在 2009 年仍然显得是一个"本地偶像组合"的话，那么如今"48 系"和后起的"46 系"（如乃木坂 46）无疑已经发展成了影响力辐射到整个亚洲乃至世界范围的偶像团体。

其中，中国粉丝的数量也不容小觑。比如，在 2015 年总选举中夺冠的指原莉乃在采访中提到，来自中国粉丝的投票数占了其得票数的两成；而在 2014 年总选举时一举帮助渡边麻友"登顶"的"中华炮"（粉丝和媒体对于中国地区的渡边麻友粉丝为偶像进行集资投票的戏称），更是一度成为中国和日本媒体关注的对象。② 因此，理解 AKB48 现象，已经不仅仅是理解当今日本偶像文化或一般而言的流行文化或"亚文化"的一个案例，更

---

① 参见「AKB48が金字塔 史上初の20作連続」(http://www.oricon.co.jp/news/2053320/full/) 等报道。最终访问日期：2024 年 3 月 10 日。
② 参见「組織票で1位に？中国が『まゆゆ推し』する理由」(http://dot.asahi.com/aera/2014061600112.html) 等报道。最终访问日期：2024 年 3 月 10 日。

图 5-1 AKB48 第十三次"总决选"的成员个人海报。

图 5-2 位于秋叶原的 AKB48 剧场。

间接地关系到对于当下中国流行文化，乃至对于当下中国年轻人的理解。①

说到"理解"AKB48 这个组合，我们至少可以从两个层面展开。第一，如果仅仅把 AKB48 视作一个以歌唱和舞蹈表演为主的传统偶像团体，那么似乎只能得出一个令人沮丧的结论：它为了促进唱片销量所做的种种营销手段（在网上被人们批评性地称为"AKB 商法"），实在不足为训——在唱片内附送成员的写真、附握手券等等，无一不是为了让粉丝愿意掏钱买大量专辑。

第二，尽管或正因为 AKB48 及其粉丝都或明或暗地将演唱、舞蹈等一般意义上被认为是偶像所应具备的素养或卖点都变成"副产品"，如果仍然从传统偶像团体的角度出发，便很难把握作为流行文化现象的 AKB48 的特殊性。按照北川昌弘等论者的说法，AKB48 区别于以往日本偶像并将之发挥到极致的特色，便是它从一开始就脱离或拒绝了传统偶像与电视的密切关联。② 就日本战后偶像业的兴起而言，家用电视的普及当然在历史上起到了举足轻重的作用：从 1970 年代家喻户晓的南纱织、山口百惠到 1990 年代的早安少女组，尽管偶像们参与电视节目的

---

① AKB48 当年在上海开展的分部 SHN48（后者现因一系列原因而脱离了与日本总部之间的关系，成为完全由国内娱乐公司运营的偶像团体）和国内 cosplay 团体"爱丽丝伪娘团"对 AKB48 的戏仿，都涉及当代中国青少年对于日本亚文化的独特接受方式，值得详细讨论，在此暂不展开。

② 参见北川昌广とゆかい仲間たち『山口百恵—AKB48：ア・イ・ド・ル論』（宝岛社新书 2013 年）。

图 5-3 诞生于 1997 年的偶像团体"早安少女组"(モーニング娘)。

图 5-4　北川昌弘的著作《山口百惠→AKB48 偶像论》

方式各有不同，但其诞生都与电视传播方式不可分开。但是，电视节目的播出和接受方式也为偶像和粉丝的互动设下了不可逾越的技术障碍——要做到像 AKB48 及其他"地下偶像"（因其不在传统媒体上亮相，而将活动集中在本地的小剧场中，故被称作"地下"）那样强调临场感、交流感，无论是电视还是杂志，作为媒体而言都是不可能实现的事情。① 而 AKB48 吸引粉丝之处，似乎从一开始就不是唱功、舞蹈，甚至也不是相貌，而是"可以见面"的亲近感。在这一点上，研究者さやわか对于早安少女组

---

① 北川昌弘认为，早安少女组后期成员数量的增加与其人气下降有重要关系，参见『山口百惠→AKB48：ア・イ・ド・ル論』，第 119 页以下。

图 5-5　在涩谷街头散发传单的"地下偶像"。

五 偶像的面庞 | 115

图 5-6 东京某"地下偶像"的演出现场。

和AKB48的相似性所作的比较很有启发性：在他看来，"真人秀""不成熟的偶像逐渐成长"和"在网络上培育粉丝文化"是早安少女组所创造并被AKB48发扬的特点。"给予明确的课题，不时和其他成员竞争来扩大人气，这种将'后台''内部'作为娱乐中心的做法是过去没有的"；因此，"对众多粉丝来说，偶像变成了纯粹'应援'对象，即支持偶像们开展活动"。[1] 也就是说，这里给予粉丝的一个想象是：即便偶像目前能力不足，但经过粉丝的不懈"应援"，她/他将来一定能够成为万众瞩目的明星。

但问题恰恰在于，如果说传统意义上的偶像通过媒体技术刻意营造出一种独一无二的"灵韵"氛围，故意拉开观众与被凝视对象之间的物理距离，为什么AKB48这样强调"粉丝应援"、强调"没有距离"的偶像团体仍然可以被称作偶像并获得空前规模的粉丝？通过下面的分析，我试图论证的观点是：AKB48"成为偶像"或被视为偶像，根本上是通过日本思想家东浩纪所谓的"数据库"装置，通过这一装置对于人与人的伦理关系所不可或缺的"面庞"的征用，以及对这一征用过程的压抑而实现的——在这个意义上，一般所谓的AKB48依靠"人海战术"取胜的说法，恰恰表征而非解释了上述征用和压抑过程。离开"数据库"这一装置，不但无法恰当把握AKB48作为偶像

---

[1] さやわか『僕たちとアイドルの時代』(星海社新書 2015 年)，第134、160 页。

团体的特殊性，也无法融贯地理解与 AKB48 并存的、同样拥有数量众多的粉丝群的其他流行文化现象；同时，忽略对于"面庞"的征用的维度，也就无法将 AKB48 与其他的流行文化现象区别开来。

（二）"数据库动物"的（非）叙事性
——以东浩纪《动物化后现代》为中心

让我们从尚未阐述的第三种"理解"AKB48 的可能方式出发。也就是，既不将 AKB48 视作歌手偶像的一个团体，也不仅仅在日本战后偶像谱系的脉络里比较它和既往偶像的异同；相反，我们将在更宽泛的意义上把 AKB48 放置在东浩纪所提出的"动物化后现代"的文化语境下进行考察。

东浩纪在《动物化后现代》一书中，提出了"数据库动物"的视角以理解当代日本社会的"御宅族"。东浩纪首先将战后日本"御宅族"分成三个世代：1960 年前后出生、以《宇宙战舰大和号》(『宇宙戦艦ヤマト』，1974 年）和《机动战士高达》(『機動戦士ガンダム』，1979 年）为青少年时期的热爱对象的群体为第一世代；1970 年前后出生、对上一世代的"御宅族"文化进行更细致划分的群体为第二世代；而第三世代，也是东浩纪的主要考察对象，则是 1980 年前后出生、以《新世纪福音战士》(『エヴァンゲリオン』，1995 年；以下简称 EVA》) TV 版的粉丝群体为代表的"后现代""御宅族"。① 虽然在对于流行文化的接受方式和再现方式上,第一世代与第三世代有着重要区别,但东浩纪敏锐地指出,日本战后流行文化整体的兴起和发展,和美国在战后对日本的占领和由此造成的精神影响息息相关:"80 年代以降日本动漫作为'御宅族''日本性'的代表,很多特征依靠的都是将从美国输入的技巧进行变形,并从肯定的意义上对结果进行重新把握而创制出来的。御宅族式的日本意象的登场,背后的支撑便是不断地渴望以这种方式来反转战后日本对于美国的压倒性的劣势,认为这一劣势恰恰是优势。"② 因此,"御宅族"的"日本"意象从一开始就充满着政治张力:一方面,"御宅族"文化与日本战败经验的关系,使得这一文化越是流行便越是凸显出日本社会的战败创伤和脆弱性;另一方面,它也"与 80 年代自恋情结相勾连,成为提供'世界最先进的日本'这一幻想的物神"。③ 当然,这并不是说,从 1960 年代至今的日本流行文化都只不过是战败经验和被占领经验的心理投射及其增殖(更不用说直接的镜像式反映了);相反,东浩纪的论断提醒我们,如果不在战败的延长线上把握战后日本流行文化的发展过程,那么过去几十年中日本社会中各种"亚文化"现象的生成和变形,恐怕都只能呈现为一堆无序的、无意义的符号拼凑而已。流行文化在

---

① 参见東浩紀『動物化するポストモダン——オタクから見た日本社会』(講談社新書 2001 年),第 13 页以下。
② 同上书,第 22—23 页。
③ 同上书,第 32 页。

内容上呈现的非历史性，绝不意味着历史性在其形式层面同样缺席。

在东浩纪那里，"数据库动物"是他对于1990年代以降"御宅族"的一个统称，以区别于之前世代的"御宅族"及其消费方式。东浩纪追随大塚英志等人的论述，将"后现代"到来之前的现代社会称为"树状模型"的世界。在其中，某种宏大叙事具有意识形态统领性的机能，表层世界的各种话语表征（无论是政治话语还是艺术话语）背后都有为之提供意义、安排秩序的深层叙事结构（无论是自由主义还是马克思主义）；与之相对，"后现代"社会的到来——日本经历了战败、1960年代安保运动的失败、1970年代的联合赤军事件之后，开始迎来"政治的季节"的终结①——意味着"宏大叙事"的退场和"树状模型"的失效。但人们对于"表层—深层"叙事模式的渴望并没有立即消散。于是，无论是《宇宙战舰大和号》还是《机动战士高达》，都像正统科幻作品那样，为受众提供了一个宏大而完整的世界观和虚拟的历史系谱。"对于当时第一世代的御宅族来说，漫画和动漫的知识和同人活动，在全共斗世代那里扮演了类似左翼思想

---

① 不过，东浩纪本人对于"现代"社会向"后现代"社会过渡的历史分期的论述并不前后一致。例如，在《动物化后现代》中，有时他认为1970年代以降的文化都是后现代文化（第16页），有时他将1914年至1989年为止的75年称为"现代向后现代的过渡"（第104页），有时他又将1995年以降称为"动物的时代"（第131页），而"动物性"是东浩纪对于后现代文化中"御宅族"的生活样式的基本概括。有关这方面的批评，见今枝法之「東浩紀の再帰の物語——動物化するポストモダンと自由について」，『松山大学論集』第18卷第2期（2006年）。

和运动的角色。"① 但是这类对于"宏大叙事的想象性替代"的欲望,到了第三世代的"御宅族"那里便彻底消失了。

东浩纪举例指出,*EVA* 自从 TV 版动画开始就明确表征了"完整故事"的缺席。最初于 1995 年播出的 *EVA* 是由庵野秀明执导、GAINAX 公司制作的机器人动画,刚一播出便获得了大量观众。值得注意的是,早在 TV 版最后几个"意识流"式的场景中,就出现了类似"平行世界"式的设定——主角们在和当下故事设定完全不同的环境中登场。这一设定在 2009 年上映的新剧场版《破》中更是变本加厉:不仅整个故事被重新叙述,甚至原有人物的名称、性格等等都有了不同程度的改变。东浩纪认为,*EVA* 所提供的与其说是一个"宏大叙事",不如说是"让受众能随意进行感情移入、能根据自己喜好而编排故事的'没有叙事的情报集合体'"②。

东浩纪将这一"情报集合体"称为"数据库"。在其中,"御宅族"们消费的对象都是没有叙事、没有深度甚至没有内容的"纯粹形式",即一个从各个人物身上搜集、分解种种特征性要素并进行归类的"数据库":

> 对于作品的表层(故事)和深层(系统),"后现代文化消费者"有着完全不同的两种志趣。对于前者,他们追求的是通过将各种"萌要素"进行组合而实现高效的

---

① 東浩紀『動物化するポストモダン』,第 56 頁。
② 同上书,第 61—62 頁。

情感满足。相对地，对于后者，他们希望的是将能够给予这类满足的作品单位本身进行解体，将它还原为数据库之后，进行新的拟像创作。换句话说，在这些消费者那里，对于小型叙事的欲求和对于数据库的欲望，是以相互分离的方式共存着的。①

这段话中有两点值得关注的地方：第一，东浩纪区分了"拟像"层面的"对于小型叙事的欲求"和"数据库"层面的"对于宏大的'非'叙事的欲望"。如果说"拟像"打破了传统的"原作/复制"的二元对立，那么"数据库"的出现则进一步打破了"拟像"作为表征单位和叙事单位的稳定性；如果说拟像的生成史意味着真假区分、现实和想象的区分逐渐让位给符号的自我增殖②，那么"数据库"的功能就是在更加后设的位置上（想象一下 HTML 语言和通过浏览器打开的网页界面的不同）对这一看似混沌的局面进行整理。对于"数据库"的消费和对于"小型叙事"的消费因此处在两个不同层级上，两者共同的前提是"宏大叙事"的缺席和深层结构的缺席。

在我看来，东浩纪坚持区分"数据库"层面的消费和对于"小型叙事"的消费的不同，与他对于从"数据库"中重新组合生成的"拟像"的暧昧论述有直接的关系。之前已经

---

① 東浩紀『動物化するポストモダン』，第 122 页；表示重点的黑色字体为引者所加。

② 关于这一点，参见 Jean Baudrillard, *Simulacra and Simulation*, trans. Sheila Faria Glaser (The University of Michigan Press, 1994)。

提到，东浩纪认为，以 EVA 的出现为代表的"御宅族"文化将消费者的关注点从"叙事"转移到了"形象"，进而将"形象"分解为"萌要素"，并将这些要素集合归类到数据库中。但是，在此需要提出的问题是：由这个数据库中抽取和生成的结果（"拟像"），究竟是"小型叙事"，还是"新的形象"？在东浩纪的论述中，对于"萌要素"的分解和组合，事实上总是通过从一个"叙事"（作品本身的叙事）到另一个"叙事"（"御宅族"自己编织的叙事）的中介而实现的。虽然东浩纪将当代"御宅族"称为"数据库动物"，但吊诡的是，无论是在"对于数据库的欲望"一端，还是在"对于小型叙事的欲求"一端，"御宅族"都不是"数据库本身"的消费者，"数据库本身"无法被消费。为什么对于"数据库"的消费，在东浩纪这里始终表现为"对于叙事的消费"？换一种表述：当东浩纪谈到"御宅族"对作品和角色进行分解和归类的时候，被分解的"资料"究竟是作品整体，还是其中的局部要素？按照东浩纪强调的"萌要素"，答案显然是后者。例如，对 EVA 的分解和归类，并不是按照作品年代、作品类别等范畴展开的，而是通过将绫波丽、明日香等人物形象从叙事语境中单独抽出，并将之和其他作品中登场的人物形象进行对比、归类、合并而展开的，甚至是通过为同一个角色赋予不同语境、不同属性和性格特征来实现的。那么，我们要问的就是：第一，是否可能对"数据库"本身，而不是对从中衍生的"小型叙事"进行消费？第二，对于"数据库"所产生的"拟像"的所有消费方式都是等值的吗？

与其说这两个问题关系到"动物性欲求"的表现形式，不如说它们显示的是：在下文将阐明的特定意义上，"数据库"的表述本身或许掩盖了一种认知上的颠倒。

（三）"形象"的形成

让我们先讨论第一个问题。乍看之下，从"形象"到"数据库"的移动过程是一个正向过程：某个角色带有猫耳、"呆毛"、女仆装、双马尾等"萌要素"，所以可以按照不同部分拆分并归入"数据库"；这看起来也是"数据库"之所以能够成立的基本操作性前提。但也正因如此，如果没有一个已经存在的"数据库"（无论它是的的确确存在于某处——比如某个特定网站——还是只存在于消费者的认知中），将"形象"分解成各个不同部分的操作就是不可能的。简言之，在能够将"形象"进行分解和归类之前，受众必须能够首先将"形象"辨识为"形象"——这是东浩纪在论述中预设而未加展开的一个重要前提。

为了不把论述引向"原作"与"仿作"的陈旧二元对立（仿佛"数据库"能够找到一个起始性的"原点"，仿佛只要历史性地确定了"第一个"搜集"萌要素"的网站就万事大吉了），还是让我们关注 EVA。值得注意的是，就在动画片播出后不久的 2001 年，个人电脑平台上出现了一款由片方 GAINAX 和 Broccoli 联合制作的名为《新世纪福音战士：绫波丽育成计划》的游戏。在游戏中，玩家将负责安排绫波丽的日常作息，并引导出这一角色的多种职业和人生结局。剧中登场的绫波丽和在养成游戏中登场的绫波丽被认为是"同一个人"（因此才有"同人志"的说法），这似乎是无可厚非的事实。哪怕在新的作品中"绫波丽"改变了性格（甚至姓名），哪怕在各种同人志中"绫波丽"表现出迥异的面貌，受众还是能够辨识出这个形象的同一性。那么，是否能够说，绫波丽是从既有"数据库"资料中抽取合成的一个没有固定性的、由一堆"萌要素"——例如"三无少女""伤口"

图 5-7　电脑游戏《新世纪福音战士：绫波丽育成计划》封面

"眼罩""孤僻""扑克脸""机器人驾驶员"等等①——堆积起来的形象?

恐怕不能。在此,精神分析学家斋藤环在《形象精神分析》中给出的分析尤其值得参考。斋藤以"瞳孔"的表现为例指出:"'瞳孔的意义'首先是通过和其他部分的位置关系而决定的。也就是说,形象的瞳孔要能恰切地发

图 5-8 斋藤环的著作《形象精神分析》。

---

① 这些"萌点"是从国内颇具影响力的百科网站"萌娘百科"上的"绫波丽"条目引用而来的特征性描述。不难发现,这些特征性描述并不位于同一层级,而是无规则地指向角色的服饰、局部特征、性格、职业、身体状况、身份设定等等。这一奇特的现象使得"萌要素数据库"并不具备数据库所应有的"综合"作用。参见 https://zh.moegirk.org.cn/绫波丽。最终访问日期:2024 年 3 月 10 日。

挥作用，其造型之外的、复杂的位置情报就不可或缺。"① 斋藤断定："数据库不具有创造出新的'面庞'的能力。"② 这是因为，"表面上看来是萌要素集合体的形象虽然不少，但它们决不是随意地将碎片进行排列组合而合成的。可以说，使得形象成立的因素，一是叙事性，一是类型性，一是以过去的图像史为基础的造型性，等等"③。虽然"形象"一旦成立(被辨识)之后，可以被分解为不同"萌要素"的组成部分，但使"形象"得以成立的却绝不是"萌要素"的拼贴。在斋藤列出的几个使形象得以成立的因素中，我认为最值得关注的正是"叙事性"。我将在一个宽泛的意义上阐述这个因素。

这里的"叙事性"指的不再是"形象"被镶嵌在一个与之不可分离的叙事结构之中，而是指"形象"被辨识为"形象"时所必需的文本语境。之所以"数据库"本身无法被消费，之所以"御宅族"必须诉诸"小型叙事"，恰恰是因为在文本语境构成(contextual constituents)的意义上，单纯的"数据库"排列组合无法提供"叙事"要素所构造的语境规定性。绫波丽虽然在 EVA 的内容层面上被设定为一个毫无"固有性"的形象，但也正是这样一个文本语境使得绫波丽能够被受众"辨识"为"形象"，而不仅仅是一堆"萌要素"的随意组合。

---

① 斋藤環『キャラクター精神分析』(ちくま文庫 2014 年)，第 255 页。
② 同上书，第 257 页。
③ 同上书，第 259 页。

事实上，由于我们作为在世界中存在的存在者总是已经对周围世界、对自己的生活有着默会性的理解，所以，以我们的日常认知为依据，构成"形象"的文本语境的要素对我们而言从来都不必是一个完整的叙事结构（即必须拥有线性的时间线索和明确的叙事模式）。东浩纪的"数据库"论述所包含的认知颠倒，便在于将"数据库"式的分解之所以可能的前提（语境的复杂性），颠倒为由"数据库"生产的结果（对于"小型叙事"的消费）。"形象"身上的一切属性都是流动的（甚至姓名也可以被改变），但其同一性从来都不是建立在某个稳固的、实质性的属性上，而是取决于形象在不稳定的属性所构筑的文本语境中得到一次又一次的、差异性的重复（iteration）。①

上述问题还可以换一种表述。与东浩纪关于"叙事"和"数据库"的论述类似，斋藤环对"角色"（キャラクター）与"形象"（キャラ）进行了区分。例如，斋藤

---

① 需要补充的是，这里的行文针对的是东浩纪关于"御宅族"的"数据库消费"的特定论述；事实上，在《游戏式写实主义》等著作中，东浩纪明确地将"形象"区别于一般现实主义小说中的"人物"，认为前者的特征在于可以单独地横跨多种语境，并在差异性的重复中保持自身的同一性。这一观点和这里的论述非常接近。我要说的仅仅是：正因如此，"形象"的同一性阻止了人们直接从"萌要素数据库"中生成"形象"的可能性。的确，这一论述看起来违背常识：既然有了一个现存的"萌要素数据库"，那么我从其中提取出几个特征，岂不就可以轻松生成一个新的形象？然而，这一常识性的想法恰恰是认知上颠倒的结果："拼贴""组合""生成"等操作始终预设了"形象"的"叙事性"，而后者无论是在"分解"的过程中，还是在"组合"的过程中都是缺席的。

写道:

> 角色的存在,以其所属的独特的叙事世界为背景(独自性、自立性),兼具深度的内面(不透明性)和纠缠的结构(多层性),在成长过程中可能向着复杂的性格(多面性)发展变化(可变性)。尤其重要的是,角色与其所属的叙事世界具有密不可分的关系,并且角色带有成长发展的可能性。①

与之相对,在"形象"这里,不仅"形象和所属世界的关系非常松散,形象可以属于多数的世界"②,更重要的是,"我们虽然向形象投射内面,但实际上它们是没有'内面'的。不如说,形象的意义也好性格也好,一切都是凝聚在这一图像上的表现"③。于是,按照斋藤的论述,在"形象"这里,"内面=意义=图像"。与其说我们在此得到了一组光滑的对应——"角色"对应于"叙事"而"形象"对应于"数据库"——不如说东浩纪的由"形象"到"数据库"再到"新的叙事"的不对称运动,反而提示了对于"形象"的形成不可或缺的、非叙事结构意义上的"叙事性"。如果说"角色"的"内面性"或深度,如柄谷行人所言,属于明治二十年左右被发

---

① 斎藤環『キャラクター精神分析』,第103页。
② 同上书,第95页。
③ 同上书,第106页。

明出来的认识论装置①，那么"形象"的"内面＝意义＝图像"所提示的方向就是符号的非固定性和不透明性。② 强调"形象"形成中的"叙事性"因素，决不是要回到传统叙事中"角色"和所处环境的有机联系，但也不是要主张"数据库"式的分解和归类是不可能的；毋宁说，不同于"角色""形象"的概念不稳定性和属性流动性，使我们能将形成"形象"的"叙事"因素从传统叙事学的框架中解放出来，从更宽泛的、默会理解的层面上把握"叙事"与语境构成之间的复杂关系。

但是，单靠"语境构成"的笼统表述，我们还是不能回答上面提出的第二个问题，即对于"数据库"的"拟像"（"小型叙事"）的一切消费是否都是等值的？按照"数据库动物"的分解思路，回答当然应该是等值的：各个"萌要素"的组合只有"萌"的程度差异——归根结底，也就是"御宅族"的"个体"差异——而没有品质上的不同。但这样一来就无法解释（例如）EVA 为何大受欢迎。对于作为考察"形象"的绫波丽来说，重要问题不是绫波丽在 EVA 中的出场是否伴随着自身的特定叙事，甚至也不是绫波丽身上的"萌要素"组合，而是其"形象"被辨识的历史契机。如果说这个契机有赖于甚至

---

① 参见柄谷行人：《日本现代文学的起源》，赵京华译（生活・读书・新知三联书店 2003 年）。

② 关于"形象"在"轻小说"中的意义及其与现实主义文学的关系，参见東浩紀『ゲーム的リアリズムの誕生——動物化するポストモダン 2』（講談社 2007 年），第 95 页以下。

本身就构成了这里所谓的"叙事性",那么最为关键的语境构成是什么呢?就这一文本而言,相应语境的重要线索来自 TV 版最后几话。在最后一话中,主人公碇真嗣兀自坐在体育馆的椅子上自言自语;在其他人物对着碇真嗣拍手说"恭喜"的光怪陆离得有些恐怖的场景中,全剧落下了帷幕。之前留下的几乎所有谜团都没有解开,碇真嗣一人的"补完计划"究竟是什么意思,也没有得到回答。然而,虽然故事前后脱节、结局莫名其妙,但 TV 版一经播出便获得了很多评论。

  原因或许要在作品之外寻找。批评家前岛贤将 1995 年前后日本社会的基本处境概括如下:"这是一个人人都切身感到经济泡沫开始崩坏,经济陷入长期低迷('平成不景气'),经济大国日本开始蒙上阴影的时代。在 1995 年,1 月发生了阪神·淡路大地震,3 月发生了奥姆真理教的地铁毒气事件,这两次冲击性事件决定了时代的闭塞感。在这样的不安时代中,'创伤''AC 症'等词汇流传甚广,流俗心理学也得以繁盛,人们开始关心起内在,如'内面''真正的自我'等等。"① 于是,碇真嗣在最后几话中进行的"自我启发"式的内心独白,得到了受众们的情感共鸣,并呼应了当时社会上普遍存在的心理状态;甚至可以说,碇真嗣的遭遇和内心独白所再现的面对世界末日感到无能为力的状态,恰恰在寓言的意义上把握了日

---

  ① 参见前島賢『セカイ系とは何か』(星海社新書 2014 年),第 31 页。

本社会在当时历史处境中难以言表的真实。当然，在精神分析的意义上，这种"置身成人世界"的无力感和危机感，也应该在日本战后处于美国占领下实现民主和忘却战败的延长线上得到理解。在经济泡沫崩溃、社会格差严重、对政治前景感到无望的时代背景下，碇真嗣似乎"无中介地"同时成了历史和个人的寓言。

从这个角度来看，EVA热潮并不完全或基本不是"数据库"装置所促成的，因而也无法从"数据库"的角度来充分把握；相反，绫波丽、碇真嗣、明日香这些形象，由于TV版最后几话的"元叙事"般的内心独白，由于它们和历史状况的短路性连接，以寓言的方式获得了形象的同一性：观众可以"穿透"种种属性和环境设置（这些都是围绕着"操纵人形机器与使徒战斗"的基本剧情展开的），直接和这些形象产生认同。"形象"的确立，在这一情形下依靠的是历史状况所赋予的文化—政治的寓言性意义，正是这一意义构成了我所谓的"叙事性"。

（四）AKB48的"面庞"

"形象"以及作为使之得以形成的重要因素的语境构成，对于理解把握AKB48同样重要。不同于"初音未来""LoveLive！"等虚拟或半虚拟偶像，AKB48在再现方式上仍然延续了战后日本偶像的传统：通过"海选"的少女，在剧场中唱歌跳舞，不定期地发行唱片，在电视上参加各种综艺节目，乃至在剧场举办演唱会。问题在于其成员数量。可以说，没有多少粉丝能够将这个团体的所有成员的姓名和长相都记住。或许我们可以将这个庞大的组合称作偶像的"数据库"，不过，倘若动漫形象的"数据库"指的是"萌要素"的分解归类的系统，AKB48 这样的真人偶像团体如何能够形成"数据库"呢？

不同于传统的单人偶像，AKB48 的成员众多，使得粉丝可以通过各种语境构成为不同成员赋予不同"形象"：换句话说，构成粉丝们确立偶像的"形象"的文本语境，由于成员数量的庞大而得到了空前的、以往无法想象的增殖——无论是娱乐节目中某些成员的互动、握手会和写真会时的不同表现，还是粉丝们自行编织的"小型叙事"，都能源源不断地确认、转送和再生产偶像的"形象"。成员本身的"属性"——长相、唱功、气质——当然会影响粉丝对自身的支持，但这些都不构成偶像的"本质"；相反，由粉丝所辨识和确立的"形象"，比所有其他貌似固有的特征都重要得多。①

另一方面，对于不同"形象"的（再）生产，固然可以说是粉丝们对 AKB48 进行"数据库动物"式消费的重

---

① 在这一上下文中，"形象"可以涵盖却不能被等同于一般意义上的"个性"：从"数据库"装置的角度来看，正如绫波丽的"性格特征"不具有本质性，AKB48 成员的"个性"也只是其"形象"的一个要素。一切都停留于、穷尽于"内面＝意义＝图像"的等式中。例如，松井玲奈的"铁道宅"属性仅仅是其"形象"的要素之一，而无关乎她是否真的是"铁道宅"。

要方式，但AKB48的偶像形象具有另外一层关键的语境构成，使之不仅区别于既往的大部分偶像组合，也区别于虚拟偶像和动画片或漫画中的人物形象：与（例如）好莱坞偶像生产机制竭力通过媒体技术拉大明星和受众之间的距离不同，AKB48及其他"地下偶像"所诉诸和征用的，恰恰是"我"向他人敞开的、无法丈量的邻近性（proximity）。让我们再回到握手会的活动以说明这种"征用"。很多批评者认为，握手会是令人不齿的"AKB商法"的典型表现，因为它诉诸"疑似恋爱"的情绪来吸引粉丝支持。但关键在于，如斋藤环所说，虽然通过这类活动建立起来的粉丝与偶像之间的想象性的"直接"关系（或称之为"养成模式"）只不过是一种"幻想"，或者说，正因为这种关系是"幻想"，粉丝们才更依存于这个"想象的共同体"。①

换言之，在AKB48的粉丝这里，与"他者"的相遇得到了犬儒主义式的翻转：AKB48一方面不断诉诸日常生活中与他者相遇的伦理性关系，另一方面又邀请人们直接将这一语境构成转化为"数据库"的情报集合，以启动被东浩纪称为"小型叙事"的"二次创作"。一旦我们用"数据库"化约了他者的"面庞"，将他者的"他异性"牧平在"自我同一性"的表征逻辑中，那么虽然"数据库"本身看上去包罗万象且可以无限自我增殖，但

---

① 参见斋藤環『キャラクター精神分析』，第219页。

它仍然是对我们自身与"他者"的关系的压抑。数据的叠加和可能性组合的演算只是"坏的无限",在此过程中遭到忽略或压抑的是:事实上,每一次与他者的独特的相遇,每一次对"面庞"的辨识,都是超越于"数据库"这一"内在平面"的不可化约也无法归类的事件。

当我们以为"御宅族"只是将各个"形象"分解成诸多"萌要素"并归类为"数据库"资料的时候,我们恰恰肯定并承认了"数据库"逻辑对于"他者的面庞"的抹除和压抑;同样,当粉丝们用"盐对应"定位岛崎遥香的形象,当粉丝们为"双大小姐"或"W松井"的"CP配对"分裂成不同阵营并炮制出不同叙事的时候,最初以邻近性的方式呈现在我们面前的"面庞",便成了一个可被分解和再组合的"萌要素"集合。因此,不是"地下偶像"的模式提供了理解AKB48的线索,而是AKB48使我们能理解"地下偶像"的吊诡现象:"偶像"不再依靠传统的通过影响媒介来构筑自身"形象"的语境,而是直接诉诸我们与"他者"的实际相遇("面庞"),并邀请受众将这一日常生活中的独特的伦理关系翻译为一堆"数据库"情报。

AKB48的成功,显示的不是一个人们已经习以为常的"感动的粉丝支持努力的偶像"的励志故事;倒不如说,粉丝们以反讽的姿态确立的与偶像的"无中介"关系,以及一系列自觉的"数据库"式的消费,才是AKB48现象的特殊之处。将他者的"面庞"转化为"数据库"的翻译及压抑过程,表征的也许正是当今日本社会最为去政治化的部分中的"政治性"。在此值得强调千田洋幸的一段话:"近年来,众所周知'偶像论'已经稳固了自己在流行文化批评领域中的位置,但很多论述都显不足的一点是,仅仅强调了偶像的'魅力'、文化上的'价值'生成过程,强调'希望''崇高性'等积极的一面,而没有站在激进的立场上关注偶像那里或许存在着的黑暗面和为粉丝带去的不幸。"①

不过,我认为千田洋幸的这段话反过来说或许更加恰当:在一个"宏大叙事"早已失效、人人都以反讽和犬儒主义的态度对待传统的道德德性和价值规范的社会,在一个阶层固化越发严重,同时"成功者"却不断兜售着虚假的"成功学"的社会,表面上看来从社会"脱落"的"御宅族"们——可又是谁占据着"社会领域"的中心呢?——或多或少以反讽的姿态扮演着"粉丝"的角色,他们在握手会、写真会等被人们蔑称为"疑似恋爱"的"幻想"中投射着与他者相遇的欲望,他们在最高虚构的核心发现他者的邻近性,这难道不正表明,我们在所谓"真实社会"中与他者的相遇,总是已经经过了种种中介,总是已经被各种意识形态话语提前收编?我们每天在各种社交平台上见到的针对陌生的他者做出的种种诋毁、谩骂、质疑、嘲讽,我们经常遭遇的触目惊心而又义

---

① 千田洋幸「生と死の狭間で歌う少女——AKB48から美空ひばりへ、リン・ミンメイへ」,押野武志编著『日本サブカルチャーを読む』所收(北海道大学出版会2015年),第119页。

正严辞的网络暴力，难道不是比"御宅族"们自我经营的"小型叙事"更激烈、更暴力地抹去了他者的"他异性"？我们在什么样的"叙事性"中辨认他者的"面庞"？支撑 AKB48 那里的"数据库消费"的语境构成因素是什么，我们对此又有多大程度的认知？我们当然无法期待从 AKB48 等偶像团体中找到答案，但我们的确可以期待从中找到属于这个时代的问题。

六 "世界系"的限度

——论新海诚

2022年,日本动画电影导演新海诚的新作《铃芽之旅》(『すずめの戸締り』)获得了第46届日本学院奖的优秀动画奖;虽然未能在柏林国际电影节上获得金熊奖,但无论在日本还是中国,这部作品都赢得了相当不俗的票房成绩和讨论度。在很大程度上,新海诚已然成为足以与宫崎骏、押井守等重要导演并肩的当代日本动画电影的代表性人物之一。相应地,近年来也开始出现越来越多的关于新海诚作品的系统性分析的文章乃至专著。毫无疑问,自从《你的名字》为新海诚带来巨大的市场成功和高度评价以来,他开始在作品中有意地加入更多的社会议题,尝试以自己的风格和叙事方式来介入一系列具有社会关注性的问题,包括但不限于环境保护、贫富差距、城乡差异、传统文化等等。与此同时,由于这些议题的或隐或显的出场,新海诚的作品也越来越多地可以和许多相关的哲学讨论发生直接的对话,从而激发出更多的富有成效的思想碰撞。

不过，在这里，我试图以"世界系"这个如今快要被许多创作者乃至论者们遗忘的文类为出发点，围绕新海诚的两部作品展开讨论。这么做的理由是，在我看来，这一鲜明地呈现在新海诚早期作品中的文类风格，很大程度上为我们理解他后来的一系列作品，乃至为我们理解这些作品得以诞生的时代氛围，提供了一种尚未耗竭的思想资源。因此，我的目标并不是系统性地探讨新海诚迄今为止的所有作品，更不是提供某种正确而全面的"作家论"；不如说，我的目标始终是以新海诚为切入点，探讨"世界系"这一文类的历史意义和思想限度。

（一）"世界系"之后
——关于《你的名字》

众所周知，2016 年上映的《你的名字》(『君の名は』)在日本国内成为高票房作品，它在被引入中国内地后的票房表现，也丝毫没有背离人们的极高的预期。这部作品颇有些令人意外的流行，似乎使得日本 ACG 文化研究界重新开始重视那个已经被屡次宣告死亡的文类——"世界系"（セカイ系）。例如，批评家渡边大辅在自己的博客上就《你的名字》写道："(这部作品)显然再次回归了新海诚初期的'世界系'。在这个意义上，《你的名字》是新海诚意识到自己远离正统动漫史脉络而形成的独特风格，并明确回到其原点的作品。"那么，让我们暂且搁置

图 6-1 新海诚的电影《你的名字》海报。

电影讲述的爱情故事和其中包含的诸多日本文化与宗教元素，先来说说什么是"世界系"。

与所有被广泛谈论却定义模糊的文类范畴一样，论者要么在谈论"世界系"作品时很少明确地为这个词给出一个确切的界定，要么同时给出多种界定。在这里，我暂时采用东浩纪在一本探讨"世界系"作品的专著中提供的如下界定："'世界系'所形容的是轻小说及其周边的独特想象力，这个词大致从 2003 年开始流传开来。由于是网民间自发产生的词汇，所以无法作明确的定义。不过，一般而言，可以认为它意味着这样一种想象力：主人公（在大多数场合）与恋爱对象之间的小小人际关系，在社会和国家等中间项的描写付诸阙如的情况下，被和'世界的危机''这个世界的终结'等重大问题直接关联起来。"并且，东浩纪认为，"世界系"所表征的"困境"——无法描写社会，不想描写社会，不想与社会产生瓜葛，等等——"如今不仅限于御宅族、轻小说或亚文化，而是蔓延到了日本文化全体"。①

关于"世界系"文类的发展和演变，更具体的历史考察来自评论家前岛贤。在其《何谓世界系》一书里，前岛贤仔细梳理了这个概念的起源和变化；根据他的考证，"世界系"一词最早出现于一个叫「ぷるにえブックマーク」的个人网站上的某个帖子，作者是该网站的管理员。

---

① 東浩紀『セカイからもっと近くに——現実から切り離された文学の諸問題』（東京創元社 2013 年），第 15、18 頁。

六 "世界系"的限度 | 141

图 6-2　前岛贤的著作《何谓世界系》。

在这则帖子里,"世界系"最初与其说是某种严肃的文类界定,不如说只是一个戏谑称呼,用来描述"类似像 EVA 那样的作品(大量的个人独白)"。这些作品的一大特征是,倾向于将主人公的一己之见、所思所想,冠以"世界"之名,故称"世界系"。在 2000 年代初,被归类为"世界系"的典型作品,除了 EVA 之外,还有《最终兵器彼女》(2000)、《星之声》(2002)等作品。①

简言之,"世界系"作品里的"世界",一方面表示的是男女主角的个人感情和私人关系被无限放大到"世界"存亡的高度(既是隐喻的"世界",例如俗话所言

---

① 参见前岛贤『セカイ系とは何か』,第 15 页以下。

"你是我的全世界",也是字面意义上的"世界"),另一方面体现的则是介乎"个人"和"世界"之间的所有中介(家庭、社会、国家等等)的稀薄乃至缺席。同时,在"世界"危机存亡的一侧,男主角往往会显得非常被动,甚至无能为力,而女主角则担负起拯救世界的重任,典型如新海诚的第二部作品《星之声》,更不用说EVA了。

在批评家宇野常宽看来,"世界系"作品(或他所谓"后EVA症候群")的出现,意味着这样一种特殊的世界观:"'这个社会很不正常'的感觉降低了年轻人对于社会性自我实现的信赖,与之相对的则是一种心理主义的盛行,即寻求对于自我形象=角色设定的认同。'世界系'可以说正是这种'情绪'的反映,略去已经无法信赖的'社会''历史'等中间项而直接将'自己的内面'与'世界'联系起来。"① 不过,宇野常宽也认为,像EVA这样的作品及其引领的"世界系"文类,说到底不过是1990年代末的特殊文化现象,是特定历史环境和条件下的产物,因此他将这类"世界系"作品视为"90年代想象力"的表达。

在宇野常宽看来,日本受众对"世界系"作品的接受和喜爱,与1990年代末日本的社会背景密切相关。譬如说,EVA TV版播出的时候,正值日本的一系列社会问题

---

① 宇野常宽『ゼロ年代の想像力』(ハヤカワ文庫2011年),第35页。

在凸显或发酵,这些问题包括社会各个阶层对于泡沫经济破裂后的经济衰颓越来越有切肤之痛,1995年发生的神户大地震、奥姆真理教事件,等等。无法把握社会整体性,失去历史感,个人之于时代和社会的无力感,种种这些,都构成了人们接受"世界系"作品的社会和历史语境。虽然不能说社会、政治、经济的因素直接催生了"世界系"的文类,但确实可以说,当受众将注意力和焦点放在特定作品的特定表现上,那么其阅读选择和侧重点本身就是社会心理症候的某种表达。例如,有不少 EVA 的忠实粉丝会探讨剧中出现的种种宗教符号,探讨作为敌人出现的使徒的性质,乃至各个使徒姓名的含义,等等,但 EVA 大为流行的原因,却很难归结为它的宗教元素(或它对于特摄电影手法的模仿)。

  如果说 EVA TV 版的大红大紫及其最后几话的风格突变,有制作公司现实上的原因(比如当时经费不足,无法再制作复杂的打斗场面),因而 EVA 只是间接地表达了当时以"御宅族"为首,但也为社会大部分人所共享的某种历史(无)意识,从而标志着"世界系"作为一种特殊文类的出场,那么在进入 2000 年后,"世界系"就逐渐成为一种有意的创作原则。例如,前岛贤提到,在 2005年刊行的风见周的《杀×爱》中,出现了这样的台词:

> 我们的世界(セカイ)正在迈向终结。徒增悲伤的回忆。即便如此,也要活下去。大家,笑吧。我们要

这样一边拥抱痛楚，一边在欺骗中活下去。①

以片假名写成的"世界"一词，再明显不过地暗示着该作品与"世界系"文类的紧密关系。可以说，当越来越多的创作者将"世界系"的文类设定作为自觉的创作风格和追求，也就意味着"世界系"不仅在形式上作为一种相对稳定的文类逐步得到确立，而且在风格上作为一种可以被引用和模仿的设定方式，出现于不同作品之中。在这个意义上看，新海诚的许多作品不仅鲜明地体现出"世界系"的特征，甚至可以说在邀请对于 ACG 文化熟悉的观众在"世界系"的延长线上理解它们。我们知道，这与新海诚个人的出身不无关系。许多评论家已经指出，新海诚决不能算是"科班出身"的日本动画人。他毕业后曾就职于游戏公司"日本 falcom"，参与制作了 *Wind-a breath of heart*-(2002)、《春天的脚步声》(『はるのあしおと』, 2004) 等成人美少女游戏，因此其出身和"正统派"动画制作人如宫崎骏、细田守等人有着根本差异。(因此，即便在这个意义上，将新海诚称为"宫崎骏之后"的日本动画电影大师，也是有些怪异而错位的论调，这不是因为新海诚的作品"太日本了"，没有"普遍性"，而恰恰是因为，至少就其早期作品而言，新海诚的预期观众基本上是那些消费美少女游戏、俗称"宅男"

---

① 引自前岛贤『セカイ系とは何か』，第 138 页。

的 20 至 30 多岁的男性群体。)

另一方面，步入 2000 年代后半叶，宇野常宽认为，在 ACG 作品中，一种以"存活感"为主要意涵的私人性的"决断主义"逐渐取代了"世界系"作品成为主流。当然这并不是说，当年那个"经济大国日本"所抱有的未来神话在人们心中复苏了，也不是说曾经被蔑称为"宅男"的年轻人们随着年龄的增长，自然而然成了祖国栋梁、社会责任的担纲者——仿佛不知怎么一来"80 后""90 后"的青年们都"政治成熟"了；相反，根据宇野常宽的论述，"决断主义"式的作品的滥觞，恰恰可以说是 1990 年代人们对于时代和社会抱有的闭塞感、绝望感的自然延伸及历史后果。也就是说，如果"世界系"作品的底色是"无论怎么行动，都会有人因此受伤，所以我选择什么也不做"，那么与之相对，在 2000 年代后出现的许多作品中，如宇野常宽分析的《死亡笔记》(『デスノート』，2004)，或许我们还可以算上 All You Need Is Kill (2004)、《自新世界》(『新世界より』，2008)、《魔法少女小圆》(『魔法少女マドカ』，2011)，等等，寄托于主人公身上的潜台词越来越多地变成了"如果只是什么都不做，就会被杀掉"的危机意识。尽管这并不意味着"决断主义"是这些作品的唯一意义，就像"世界系"三个字不可能概括 EVA 或《最终兵器彼女》的主题，但宇野常宽为"世界系"向"决断主义"转化所做的结论还是值得我们重视："'窝在家里的话就会被杀掉，所以要靠自己的力量活下去'，这种'决断主义'的倾向，构成了以'存活感'为特色的作品，这些作品在 2000 年代前期到中期成为主流。"①

当然，"世界系/决断主义"的二元对立并不是绝对的，也不构成分析某部特定作品的先决条件。例如，宇野常宽就自己提出的这个转化写道：

> 世界系被决断主义克服的时候，那里产生的并不是对世界系式的前提的否定——这种前提即根据社会像的变化，确实具有价值的东西、正确的事情会变得不清晰，做出选择就会伤害到他人，也会伤害自己。毋宁说那里产生的是对上述前提的肯定，在前提意义上彻底的共有。正因为彻底接受了世界系式的前提，决断主义式的想象力才得以出现：为了活下去就得——哪怕没有任何根据——做出选择和决断，必须背负这份责任。②

在这个意义上，无论是做选择还是不做选择，无论是不行动还是行动，归根结底，"世界系"和"决断主义"所共有的价值前提是：已经不存在一个所有人共享并承认的、理所当然的社会和伦理基础，来裁断和指引人们做出选择。但我想说的是，如果我们把焦点放在新海诚的几部

---

① 宇野常寛『ゼロ年代の想像力』，第 23—24 页。
② 同上书，第 156 页。

六 "世界系"的限度 | 147

作品上,那么可以看到,"决断主义"非但与"世界系"共享了相同的伦理和认知前提,而且前者或许也并不如宇野常宽所断言的那样,构成了对于后者的"克服"。如果我们将2010年代在ACG文化中流行的另一大文类——所谓"日常系"作品(描绘日复一日的日常琐事,刻画或轻松或细腻或微妙的交往关系和情绪反应,同时在人物的生活背景上不会产生剧烈的情节冲突或决定性变化)——考虑进来,可以看到,"决断主义"和"日常系"的流行,也许恰恰是"世界系"的某种必然后果。在这个意义上,新海诚的作品或许再好不过地提供了这一历史和逻辑的展开的图式。

首先,让我们回到新海诚作品中最具"世界系"风格的《星之声》。当年正是这部上映于小剧场的低成本制作的作品,为新海诚在一小群活跃于网络论坛上的"御宅族"之间赢得了很高的口碑和知名度。这部短片讲述的故事非常简单。在未来的2046年,两名互生情愫的男女中学生过着平淡的日子。突然,中学生长峰美加子被录取成为联合国宇宙军的驾驶员,从此离开地球,开始在宇宙中驾驶机器人与性质不明的外星"敌人"展开战斗。而作为美加子的青梅竹马,男主角寺尾升留在地球,只能靠手机邮件来和美加子保持联系。随着美加子离开地球的距离越来越远,邮件传达给男主角所需的时间也越来越多。最终,当美加子到达天狼星星系时,一封邮件要耗时八年多才能送达地球。在美加子发出的一封邮件里,"世界系"

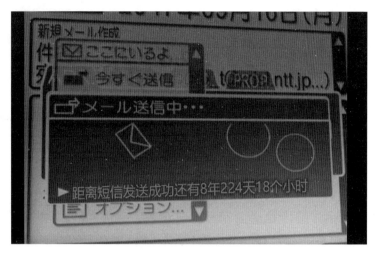

图 6-3 《星之声》中邮件传达所需的时间随着距离变长。

设定的意义被和盘托出：

> 我们啊，仿佛被宇宙和地球割裂开来的恋人一般。

虽然早就被视为"世界系"文类的标志性作品之一，但有意思的是，《星之声》中男主角最后时刻决定出发去寻找女主角的情节安排，显然已经在一定程度上将作品带离了当年 EVA 主角碇真嗣似的绝望感，至少为观众留下了一个"光明的尾巴"。也就是说，哪怕是在这部最具"世界系"风格的作品里，也已经包含着对于"世界系"框架的超越的契机。事实上，同样的情况也可以在 TV 版的 EVA 的最后场景中看到。在那里，几位主角突然被放置在另一个世界设定之中——他们过着普通的校园生活,没有"EVA",也没有"使徒"。换言之,哪怕在 EVA 所呈现的"世界系"图景之中,也提示了超越这一图景的契机:事情可以是别的样子。我们马上会看到,同样的情形也以非常明确的方式出现在新海诚在《星之声》之后创作的《云之彼端,约定的地点》(『雲のむこう、約束の場所』,2004)中。

在相同的意义上,可以说正是出于对"世界系"设定的思考(注意:未必是对于"世界系"这个词的思考),在"世界系"大潮据说已经过去的 2007 年,新海诚交出了《秒速五厘米》这一看起来不太典型,却又非常契合"世界系"的精神的作品。有人可能会认为,新海诚就是个"死宅",深度"中二病",只是活在自己的小世界里,于是"只能"刻画出"世界系"这样小情小调、自怜自哀的作品,根本谈不上对于"世界系"有何反省和思考。在这些论者看来,《秒速五厘米》所刻画的小情小调只是服务于"宅男"们自怜自艾、自我意识过剩的想象。

果真如此吗?我认为不是。不妨让我们问这么一个问题:当以同样的架构至少讲了两次"世界系"故事之后,新海诚有必要把同样的故事再讲一遍吗?确实,从效果来看,十分有必要:无论在国内还是国外,《秒速五厘米》长期以来几乎都是新海诚最有名的作品。而从设定上看,《秒速五厘米》的"世界系"特征使它可以略去许多在一般的现实主义作品那里显得必不可少的叙事要素。我们知道男主角远野贵树和女主角篠原明里是青梅竹马的恋人，但我们不知道男女主角的家庭背景，不知道男主角和大多数同学与老师的关系，不知道他和家人的关系，不知道他念了什么大学、怎么找的工作，我们甚至不知道为什么两位主角断了书信来往。观众知道的是，男女主角的关系完蛋了，男主角的人生也因此完蛋了。（据说，当年这部作品在小剧院里上映的时候，有些观众甚至因为整个故事的不圆满结局而难过得一时无法从座位上起来。）有人或许会说，家庭背景也罢，社会关系也罢，这些外在因素都不重要啊！没错，但"不重要"这一点恰恰非常重要。这是因为，"世界系"的特征恰恰在于剔除所有被认为"外在于"男女主角的私人感情和关系的因素，或者说，事先就将其他所有因素都设置为"外部"。于是就有了《秒速五厘米》中最有名的台词：

> 我清楚地知道，我们无法保证将来能永远在一起，横亘在我们面前的是那沉重的人生和漫长的时间，让人望而却步。

然而也正是这一句十分苦情的台词，有可能让人问出一个非常简单的问题：怎么一来就"望而却步"了呢？如果真的想要联系，真的会没有办法吗？这几个问题似乎

六 "世界系"的限度 | 151

图 6-4 《秒速五厘米》海报。

过于天真，但且让我们站在"世界系"的设定内部看看这里所发生的事情究竟是什么。不同于 EVA 或《星之声》，《秒速五厘米》的男女主角并没有被一种性质、目的、来源都不明的"敌人"袭击，隔开他们的也并不是无法弥合的时间和空间（"宇宙和地球"）。毋宁说，他们始终处于同一个时间和空间的坐标系内，无非是搬了几次家，转了几次学而已。那么，贵树为什么没有继续给明里写信？为什么在信里没有问对方的电话号码？为什么没有再去找明里？——不要问为什么，因为贵树保持了"世界系"设定下男主角应有的样子：绝望、孤独、难以与人交流、无法行动。在这个意义上，《秒速五厘米》将"世界系"设定中与男女主角的私人关系相对的、与世界存亡相关的"敌人"，直接写作"世界系"作品中缺席的"社会"，这个社会就是"敌人"。在这个意义上，我们或许可以将新海诚本人关于这部作品的说明理解为某种反讽："《秒速五厘米》讲的是如何放弃。'放弃'听起来很负面，但这部作品刻画的就是对于这个过程的接受。"①

或许这种刻画和"御宅族"在社会结构中的边缘地位有些关系，因此他们据说特别能和"世界系"主人公们的期期艾艾产生共鸣：仿佛大家都无法将心意传达给自己所爱之人，仿佛大家能做的只是一个人郁郁寡欢。不过在我看来，这种心理学阐释毕竟太"短路"了。与"御宅族

---

① 新海誠、小林治「新海誠インタビュー」，转引自藤田直哉『新海誠論』（作品社 2022 年），第 69 页。

六 "世界系"的限度 | 153

图 6-5 《秒速五厘米》结尾,男女主角擦身而过的场景。

心理学"的阐释相对,我认为《秒速五厘米》有意思的地方恰恰在于"形式"与"内容"之间的紧张:正因为它无法圆满解释许许多多被视为"无关紧要"而被剔除在外的"干扰"因素(社会的、家庭的、伦理的、经济的、政治的),不论有意无意,《秒速五厘米》既是"世界系"文类的巅峰——它甚至不再需要有一个可见的外在"敌人"来作为男女主角关系的干扰因素,也构成了对"世界系"文类的反讽。譬如,观众满可以说,贵树不过是"咎由自取"(而"咎由自取"四个字放在[比如]真嗣身上,就不那么贴切):自己不努力维持关系,怪谁呢?"可怜之人必有可恨之处",如今的观众真是太熟悉这样的说法了,活学活用后大致能得出如下结论:"死宅真恶心。"

的确,《秒速五厘米》让"世界系"的世界观设定中本身带有的悖谬因素——个人的日常所见所闻、男女主角的情感关系与"世界"存亡这种大(而无当的)命题的无缝衔接——直接暴露在"日常生活"的背景下,其结果就是,"世界系"的文类设定本身有意忽略或剔除的"外在性"(直接体现为不明身份的"敌人"、浩瀚无垠的宇宙,间接体现为实体性社会组织的弱化或缺席),由于"日常世界"的背景而被重新"显影"出来,由此揭示出,对于"世界系"作品而言貌似无关紧要的"外在性",恰恰既是"世界系"作品无法克服的界限,也是其不可或缺的组成部分。被忽略的"外部",因其缺席性的

六 "世界系"的限度

在场而构成了"世界系"作品的"内部"。

然而，现实的吊诡是，《秒速五厘米》被许多观众接受为一部"世界系"的高峰之作。而这和观众是否熟悉"世界系"文类，甚或是否知道"世界系"这个词，没有丝毫的关系。新海诚在一次访谈中说，《秒速五厘米》被认为是一部"治愈/致郁"之作，但他本人并没有想要刻意描画一个好的或坏的结局——是否可以认为，《秒速五厘米》其实是一部关于"世界系"设定本身的作品，一部"元世界系"的"世界系"作品？无论对于这个论断的回答是什么，至少不可否认的是，《秒速五厘米》在很多地方都和《你的名字》有着呼应；因此，对于《你的名字》的阅读，如果缺少了《秒速五厘米》这个重要的互文文本，就很容易失去一个有意思的参照系。最显然的一点莫过于《你的名字》最后的场景：男女主角在坂道上擦肩而过后，男主角回过头来叫住了女主角。男女主角打招呼的场面，与当年《秒速五厘米》最后那个独自留在铁路旁的身影，无疑形成了令人印象深刻的对照。

我认为，《你的名字》不仅仅构成了《秒速五厘米》的某种对照甚或回应，而且在"世界系"内部对于"世界系"的困境给出了解答。如前所述，这一困境可以表现为，被"世界系"设定排除在外的"外在因素"或"中介因素"，既标示出"世界系"的边界（因此也构成了它的局限），同时也构成了"世界系"作品不可或缺的、尽管是缺席的"内部"。（我愿意再强调一遍：新海诚自己是否写过关于"世界系"文类的思想史著作,对于我们如何在"世界系"文类内部理解《你的名字》并不具有重要意义。)

《你的名字》的故事同样不复杂。住在乡下的高中女生宫水三叶和住在城里的高中男生立花泷神秘地相互交换了身体,而两人的生活时间段其实相隔了三年。当泷决定去寻找三叶时,发现对方已经被埋在陨石造成的巨坑中。为了拯救三叶,泷喝下了三叶贮藏在洞穴里的口嚼酒并成功回到了三叶还活着的时候。通过一番努力,三叶和整个村庄都得到了拯救;在两人都对这段拯救的历史失去记忆后的一天,泷和三叶终于重逢了。放在"世界系"设定下,男女主角的关系必然和"世界"的存亡直接联系在一起,而电影中,"世界"本身的存亡,表现为陨石这一"敌人"对于村庄的毁灭。

图 6-6 《你的名字》开场,陨石下落的场景。

但是，不同于"世界系"作品普遍存在的那种对于"敌人"性质的模糊化，更不同于《秒速五厘米》那样直接将"日常生活"的背景（"社会"）前景化为无法战胜的"敌人"，《你的名字》将"敌人"——彗星——翻转为改变男女主角关系、改变其"世界"的钥匙：一方面，男主角对于女主角的拯救当然是将她从灾难中拯救出来；另一方面，彗星也成为维系两人关系，乃至维系从生到死、从过去到未来的一切时间的线索。剧中出现的"产灵"（むすび）、结绳、口嚼酒等具有日本文化色彩的标志和女主角的发绳，都通过彗星划过夜空的弧线而连接在一起（顺带一提，在新海诚的作品中，连接人物关系的装置本身可能是阻断连接的装置，反之亦然：如《星之声》里的手机短信，《秒速五厘米》里的书信，《言叶之庭》[2013]里的《万叶集》诗句，等等）。

于是，经过男主角进入女主角的身体而改变过去，不仅女主角得到拯救，而且原本在陨石撞击中牺牲的人们也得以逃过一劫。重要的不是这一切是否"科学"或是否"玄学"，甚至无关乎什么日本传统文化（一个有趣的细节是，当三叶问及宫水神社所进行的丰饶祭舞蹈的由来时，奶奶的回答是：因为那次大火，来源已经不可考了，现在仅剩下"形式"了），而是借助这一形式设置，新海诚翻转了"世界系"设定中很重要的一个环节：在这里，男女主角及其"世界"的存亡，不再和一个面目模糊的、超越性的"敌人"构成对立关系，重心也不再是凄凄惨惨戚戚的、不可避免的"迈向世界终结"/"关系告吹"的过程；相反，"敌人"成了"世界"/"关系"存在的条件——没有开篇的彗星落下，就没有此后发生的一切。新海诚在这里所做的，恰恰是将"世界系"文类始终包含的悖论，转化为电影直接处理的主题。泷在喝下口嚼酒重新进入三叶的身体时，对奶奶说："或许过去的一切都是为了今天。"其实反过来说也一样，没有这一天灾难的降临，就没有身体的交换，就没有两人的关系。根据宇野常宽梳理出的"决断主义"脉络，在"世界系"作品中，作为毁灭世界、破坏主角关系而出场的"敌人"，在"决断主义"的视野下显现为需要对抗和征服的、"世界内部"的敌人；与之相对，《你的名字》则将"敌人"改写为"世界"成立/灭亡的条件本身：彗星既是女主角死亡的原因，也是男女主角相遇的原因。"彗星"既不是世界内部，也不是世界外部的敌人，而是"世界"得以自我展开的可能性条件(和不可能性条件)。

一方面，新海诚的意思可以很"中二病"，比如可以说，如果《秒速五厘米》通过"日常生活"的时空阻滞而造成男女主角不可逾越的鸿沟，那么《你的名字》说的就是，为了实现"日常生活"中的相遇，就必须跨越不可能的时空的鸿沟。但另一方面，新海诚的意思也可以不那么"中二病"，比如可以说，《你的名字》的非线性时间观传达的正是，哪怕当男主角连对方名字都想不起来，哪怕他决定将一切都作为"梦境"予以忘却，他还是会被一个呼唤叫醒,去改变世界和现实,而这个无名的呼唤,正是那条三年前和他有过一面之缘的一个陌生女子给他的绳子。即便在三年前,他也已经和那个初次见到的女生有了自己所不知道的紧密的关系。换句话说,他总是已经被自己的命运带到与他人、与这个世界的关系中;他自己的命运,总已经是与他人休戚相关的命运。

在这个意义上看,最终两人在新的世界线中的第一次相遇,必定是一次重逢:不仅是因为"前世的记忆"——男主角在新的世界里,丧失了关于女主角、关于那个村庄的所有记忆,而且更是因为,他(我们)总已经和他人的命运相连。"世界"不是一个抽象的整体,不是一个数字化的"存在"总和,也不是你死我活的生死存亡的战场。"世界"存在于每一次的相遇之中,存在于像"男女主角的情感关系"这样的细枝末节之中。和许多"世界系"作品一样,在《你的名字》里,泷和三叶的情感关系是"给定"的,新海诚没有花太大篇幅讲述他们如何喜欢上对方;但即使是这个必然而盲目的起点,也可以从"命中注定"这一用在剧中并不过分的词汇中找到理由。但不同于(比如)《秒速五厘米》中"给定"的关系必然走向一个"给定"的结局,《你的名字》的展开试图告诉观众:这个"给定"的开端,能够也必须找到自己的理由,但后者并不是一开始就"给定"的。"一切现实的都是合理的;一切合理的都是现实的。"在这个意义上,"世界系"的解答不在于"决断主义",不在于对"家庭""国家"

"社会"的重新强调。那些说"加强社会责任意识和担当意识来克服当今个人主义虚无主义"的论调是多么无效啊！对于"世界系"的解答，或许就存在于"世界系"本身之中。

在这样的视野下，原先在"世界系"设定中被弱化和忽略的"外部因素"，比如家庭、社会组织、国家，得以借助新的方式出场：从宗教仪式、村政府到学校，"外部因素"既没有被忽略，也没有构成世界观上不可或缺的一环（当然，从叙事功能角度说，它们的确不可或缺），而是被组织进"世界"／"关系"的自我展开之中。

（二）社会的"强伦理"与"世界"的"弱伦理"

接着《你的名字》，上映于2019年的作品《天气之子》无疑也是一部带有浓厚的"世界系"特征的作品。值得注意的是，新海诚在这部作品中几乎以"露恶趣味"的方式、以变本加厉的方式强化了"世界系"的设定，以至于在《你的名字》中提示的"世界系"的自我克服的可能性，重新让位于男女主角的小小恋爱与世界灭亡之间非此即彼的抉择。《天气之子》的男主角帆高是一个"上京"的16岁少年，由于找不到工作，最终只好在从事都市传说等奇闻异事报道的须贺那里打零工。帆高在寻找"晴天少女"的过程中遇到了具有暂时改变气象的能力的女主角

图 6-7 《天气之子》海报。

阳菜，即真正的"晴女"。后者在母亲病重时，偶然踏入了一个不可思议的神社，因而成了"巫女"。作为"晴女"的代价是，她需要牺牲自己才能停止东京连日的大雨。当阳菜自我牺牲之后，帆高尽其所能寻找对方，最终也进入"云上的世界"而将其救出。东京因此遭遇三年大雨，整个城市大部分被水淹没。在电影的最后，帆高看到已经失去能力的阳菜在路边祈祷，两人重逢并拥抱在一起。

正如许多论者指出的那样，《天气之子》中的两位主角均来自社会底层，甚至可以说属于最弱势的群体。帆高在城市里艰难求生，打工的时薪之低足以称得上"被剥削"，平时以泡面和速食为生，甚至在给阳菜过生日的时候，两人吃的东西也只是便利店里的食物。新海诚通过种种细节将贫富差距的社会问题搬到了动画的银幕上，同时也借助"世界系"的文类设置——选择拯救阳菜还是选择拯救世界——将贫富差距问题所包含的潜在矛盾和对抗以前所未有的强度摆在了受众面前。

在故事情节上，《天气之子》似乎遥远地对应着新海诚十几年前的一部作品《云之彼端 约定的地点》（下文略称为《云之彼端》）。尽管在故事背景层面，《云之彼端》引入了更多科幻性的设定，而《天气之子》则更多诉诸神话，但两者的故事中女主角都肩负着牺牲自我以保全整个社会的重任，男主角也都为拯救女主角而展开行动。根据《云之彼端》的叙事，在日本分裂为南北两部分的架空设定

图 6-8 《云之彼端 约定的地点》海报。

下，男主角浩纪约定带着女主角佐由理乘坐他和好友拓也一起制作的飞机，飞去隶属"联盟"管辖的巨塔。然而，佐由理其后便陷入了持续的昏睡状态，计划随之搁浅。佐由理昏睡的原因是，巨塔其实是由佐由理的祖父制作的超大型武器，遏制其发动的方式就是佐由理的睡眠。一旦佐由理醒来，巨塔便会毁灭世界。面对想要唤醒佐由理的浩纪，拓也说出了一句非常具有"世界系"特色的台词："你要救佐由理，还是救世界？"不过，在《云之彼端》中，从"大人们"那里获知实情的拓也和浩纪，最终成功地摧毁了巨塔并唤醒了佐由理，"世界系"难题似乎在这里有了一个圆满的解答。

纯粹而天真的爱情、"个人"和"世界"之间的非此即彼的选择、人物社会背景的弱化和概念化，以及某种意义上的男性自恋情结，如前所述，从早年的《星之声》到《你的名字》，再到如今的《天气之子》，新海诚执拗地重复着"世界系"的故事，或者说，通过不断的重复而探讨着"世界系"文类的各种可能性。尽管在《天气之子》中出现了警察、暴力团伙、传统民俗等社会因素（这些在《你的名字》里也可以见到，并且颇具迷惑性，就和当年 EVA 里的宗教元素一样具有迷惑性），"社会"最终仍然只是为男女主角的恋爱关系增添了一些背景性的曲折而已。不过，正是因为新海诚对于"世界系"文类的坚持，如果我们直接放弃"世界系"的设定框架，以"通常"的方式——例如，以理解好莱坞大片的叙事逻辑的方式——来理解《天气之子》,那么只能说,这个故事本身并没有太多值得回味的地方,甚至不那么"有趣"。

如前所述,关于"世界系"文类的可能性和限度,新海诚自己已经在此前的作品中做出过探讨;无论是在《云之彼端》那里,还是在《秒速五厘米》那里,以及在《你的名字》那里,我们都可以以不同的方式解读出"世界系"终结或完成的可能性。而就与《天气之子》在情节上最为相似的《云之彼端》而言,我们可以认为,新海诚早在2005年便尝试了从内部突破"世界系"文类的框架。这一点最明显地体现在作品的结尾部分:影片中的巨塔既是足以毁灭世界的武器,同时也是主角们憧憬向往的"约定的地点",甚至还是世界不曾发生变化的象征。因睡眠而被困于一个人也没有的梦境之中的佐由理,在醒来之前祈祷说,只要告诉浩纪自己有多喜欢他,就心满意足了。可是,当她真正醒来之后,却不记得想要对浩纪说什么:"我有对你非说不可的事情,可是它消失了。"对此,浩纪的回答是:"你醒来就好了。"

批评家藤津亮太提到,新海诚作品的核心母题是一种奇特的丧失感,即不是失去自己已有之物,而是丧失尚未存在之物。例如,我们之前已经看到,在《星之声》的结尾处有这样一句台词:"我们啊,仿佛被宇宙和地球割裂开来的恋人一般。"对于这个"仿佛",藤津写道:男女主角"并不是失去了'恋人',而是失去了'或许会成为恋人的那个人'。这里涉及的不是失去某个实在东西的丧失感，而是一种更模糊、更无可奈何的丧失感，即失去了并不存在的东西。正因如此，怎么做都无法填补这一丧失感"①。同样，在《秒速五厘米》中，萦绕全篇的忧伤氛围恰恰是一种类似"男女主角在真正成为恋人之前就离别了"的丧失感所带来的。藤津认为，主角们想要填补这一丧失感所采取的行动，最终也只是"为了再一次真正地失去"的过程中的一环。②

例如，在貌似有着圆满结局的《云之彼端》中，男女主角所丧失的正是之前对他们而言非常重要却无法实现的"飞去巨塔"的约定，以及女主角想要对男主角告白的那个梦。不过，从另一个角度来看，这样一种独特的丧失感所带来的，或许恰恰是突破"世界系"类型的可能性。《云之彼端》的最后，在浩纪的内心独白中有这样一句台词："即便是在失去了约定的地点的世界上，我们的生活也才刚刚开始。"也就是说，作为"约定的地点"的巨塔的丧失，在此成为男女主角从"世界系"文类的框架中摆脱并"成长"的必要契机（甚至是一种象征性的成人礼），因此男女主角的关系也要留待真正的"生活"开始之后才能得到确认。与其说这是丧失某种并不存在或尚未存在的东西，不如说无论是获得还是失去，都只有在跳脱出"世界"的约束性框架之后才是有意义的。这一点在

---

① 藤津亮太『ぼくたちがアニメを見る理由』（Film Art 社 2019 年），第 32 页。

② 同上书，第 34 页。

多年后的《你的名字》中得到了再次表达：男女主角真正在"社会"中相遇，前提是彼此都忘记了曾经发生过的事情，忘记了之前的那个"世界"。

在这个意义上，与《云之彼端》相比，《天气之子》似乎完全沉浸在"世界系"的框架之中。站在帆高的角度，阳菜的失去是绝对的，而且是绝对的失去；与失去阳菜这件事相比，由此得到的结果——灾害性天气的平复——看起来无足轻重。这当然可以说是因为帆高作为一个社会底层出身的少年缺乏"大局观"，但更重要的原因在于，从某种意义上说，《天气之子》构成了对于前作《你的名字》的某种批评的回答。因为在一部分观众看来，《你的名字》恰恰通过艺术化处理灾难而将"故事的坏结局变成大团圆结局"，并以此构成对发生于 2011 年 3 月 11 日的日本大震灾的一种奇特的慰藉，即"当它没有发生那样忘记就好了"。① 对于新海诚以这样一种方式处理灾难的质疑和批评，且在一定程度抽离了批评的深刻性的意义上，遥远地呼应着当年德国思想家阿多诺（Theodor Adorno）的那句著名的，或许已经太过著名的论断："奥斯维辛之后，甚至写一首诗也是野蛮的。"根据这样一种批

---

① 这样一种批评乃至谩骂的声音，在日本的社交媒体上并不鲜见；而从文学批评的角度做出类似解读的例子，可参见宇野常宽『母性のディストピア II』（早川書房 2019 年），第 326 — 327 页。批评家藤田直哉则在《你的名字》的叙事中看到了某种类似"日本浪漫派"的危险维度，即将灾难和牺牲予以美化或崇高化；不过，他在一部以新海诚为分析对象的近著中调整了自己的看法，反而将《你的名字》和《天气之子》均视为对于未来表达期待的作品。参见藤田直哉『新海誠論』，第 132 — 170 页。

评,《你的名字》在此基础上表现出来的"闪闪发光的日本",体现的恰恰不是对于灾难后重建日常生活的希望,而是新海诚所属的战后一代"御宅族"们在社会和政治意义上的不负责任。

新海诚自己在与小川彩佳的一次电视台采访中说道,当初自己制作《你的名字》的初衷是将它呈现为一部"许愿和祈祷的作品",结果却招来了上述批评。新海诚说:"我感到自己的许愿也被人骂了。对此,我感觉很苦恼,而《天气之子》就类似于一种反驳。"一旦我们将"灾难后的日常生活"这一维度引入《天气之子》,那么新海诚对于上述批评的回答便不难理解了。电影中男主角为了救女主角时说道:"天气什么的,恶劣就恶劣好了!"如果说在《你的名字》中灾难被处理为男女主角终成眷属的过程中的一个辩证否定环节,从而得到内在的克服——换句话说,"世界系"设定中的两极,从"难题"的结构变成了"正题—反题"的结构,《秒速五厘米》里呈现出的反讽在《你的名字》中得到了辩证综合——那么,在《天气之子》这里,"世界系"的两极以及由此产生的伦理难题,从一开始就被消解了:男主角根本不打算为了"世界"而牺牲他与女主角之间的"小小恋爱"。《云之彼端》中拓也对浩纪提出的关键问题"你要救佐由理,还是救世界",在这里未曾出现。正因如此,当女主角最终决定成为"人柱"而牺牲的时候,决定性的契机居然是问男主角:你希望天晴吗?——基于私人意愿的"希望天晴"和呼应着整个社会的"自我牺牲"之间的不对称性,与其说是影片叙事的缺陷,不如说反映了新海诚的伦理态度。对于从社会伦理和责任等"大问题"出发的批评,新海诚的回答是:这些都无所谓,随便怎么样都行。的确,在那些批评者看来,还有比这更"不负责任"的态度吗?

不过,问题或许还要稍微复杂一些。我认为,与《你的名字》的批评者们提出的、基于社会责任的"强伦理"相对,新海诚在《天气之子》中给出了一种基于"世界系"设定的"弱伦理"。在这里,我是在相对松散的形式意义上而非技术意义上使用这组概念。基本而言,"强伦理"指的是社会生活对身处其中的个体所提出的、基于其法律身份和社会关系的种种要求、期待乃至命令;与之相对,"弱伦理"指的则是"世界系"文类所设定的男女主角的"小小恋爱"关系在个体意义上所具有的、不下于"拯救世界"的重量和正当性。影片中,"强伦理"的视角并不少见。当帆高救出阳菜,东京开始遭遇经年大雨后,原先的上司须贺对帆高说,别以为你们改变了世界,"反正世界本来就是疯狂的"。同样,婆婆富美也安慰帆高:如今被淹没的东京只是"回到了几百年前本来的样子"罢了。[1]

---

[1] 有意思的是,当藤田直哉通过日本传统文化乃至绳文人的传统试图证成帆高的决断时,也即诉诸绳文人对于大海和海上生活的亲切和熟练来证成即将被大雨淹没的东京时,他的论述逻辑和剧中人物富美的说法没有根本不同。问题在于,包括富美在内的"大人"的话语,在剧中和帆高形成了整体性的截然对立。参见藤田直哉『新海誠論』,第 164 — 166 页。

然而，当帆高看到在路边祈祷的阳菜，他的内心独白却是："不对。世界并不是最初开始就疯狂了。是我们改变了世界。"在这里，先前"大人们"对于"世界"的理解和帆高的理解之间，出现了微妙的偏转：对于"大人们"而言，帆高的举动从根本上说对社会的变化起不了作用，因而无足挂齿；这几乎构成了对于"世界系"文类的基本设定的嘲讽，无论这种嘲讽的表现形式是认为主角的"小小恋爱"牵动着世界的存亡这一设定本身，只能被读作发达资本主义社会的精神分析症候，还是如电影中的须贺所说，单单牺牲一个晴女就能改变气象，还有比这更好的事情吗？

有意思的是，在这部影片中，新海诚几乎是"确信犯"式地将"世界系"的文类设定中为人所诟病的细节予以放大；以警察为代表的"大人"们并不理解帆高的举动，也对阳菜与灾难气候的关系一无所知（影片中只有帆高和阳菜自己知道变成"晴女"的"秘密"），以至于站在社会的角度，帆高与阳菜（及其弟弟）之间过家家式的家庭生活几乎是一场闹剧。相比之下，《云之彼端》中的"大人"则清楚地知道佐由理在即将开始的战争中的重要意义，因而也就理解浩纪与佐由理之间的"小小恋爱"所具有的"世界性意义"。对此，藤津亮太指出，帆高十分清楚"世人的看法是正确的。如观众所知，影片刻画了帆高在工作中遇到各式各样的人。正因如此，就算与世人不相容也要守护自己的圣域的做法，只能说是'有意犯错'了"。①

　　另一方面,对于帆高而言,"我们改变了世界"中的"世界",已经因为男女主角之间的一系列事件和决断而变得和原来不同了。也就是说,"世界"被分成了"阳菜成为晴女的世界"和"阳菜拒绝成为晴女的世界",而男主角的个人决断使得这两个世界之间不可调和,尽管在"大人们"的眼光里,两者并不存在具有重大意义的断裂。在此,值得注意的是,阳菜不仅拒绝成为"晴女",拒绝"拯救世界",而且拒绝了自己的社会意义。当她还是"晴女"的时候,她对于"改变气候"这一"兼职"的想法是:"我喜欢这份工作。晴女的工作。我呀,终于明白了自己的使命。"甚至自我牺牲、成为"人柱"这件事,也意味着阳菜作为"巫女"而完成自身社会身份的使命。就影片本身而言,这一对于社会、对于他人的作用一旦消失,便意味着阳菜选择了帆高决断下的另一个世界,一个剥离、否弃社会的世界,一个"世界系"意义上的"世界"。《天气之子》以浓墨重彩的方式,表现出新海诚对"世界系"之"世界"的肯定,对社会的否定——帆高甚至两度举枪对准警察……

　　在这个意义上,帆高那里的两个"世界"的断裂,便是"世界系"类型的内部和外部的断裂,或者说是"世界"与社会的断裂。通过让男女主角坚持停留在"世界系"的"世界"之中,通过拒绝与社会达成任何意义上

---

① 藤津亮太『ぼくたちがアニメを見る理由』,第55页。

的和解，通过浓墨重彩地刻画男主角一意孤行的、从社会的眼光来看无疑是"错误"的决断，新海诚拒绝了人们从《你的名字》中读出的伦理意义和社会心理学意义，拒绝了人们关于"政治责任"的批评，从而将伦理封闭在个人决断所涉及的狭小空间（"世界"）之中。"神啊，求你从此不要给我们什么，也不要从我们这里夺走什么。"帆高在短暂的幸福时光中如此祈祷道。这个祈祷仿佛呼应着佐由理在梦境中的祈祷（"告诉浩纪我多么喜欢他"），可是《天气之子》并没有让帆高像佐由理那样走出梦境世界，而是截断了通往外部的道路。甚至"世界系"框架中的抉择本身，也完完全全无法被世人知晓。如藤津亮太所说，归根结底，在帆高和阳菜那里并没有来自世人看法的压力，"世人（尤其是警察）根本上不知道阳菜的神秘体验，对帆高的抉择毫不关心。帆高决断的重量源于一点：只有他自己知道这一重大决断的意义"。[1]

可以说，新海诚在《天气之子》中留给观众的"世界系"伦理，最终引向了前文提到的宇野常宽所谓的"决断主义"：没有什么"宏大叙事"能够为你的行动提供动机和理由的支持，但只要忠贞于你自己的决断，你的行为就是负责任的。帆高未必不知道"大人们"对于这个世界的理解，也未必不知道自己的行动在社会的意义上是自私的，因而是不负责任的。"责任"这一概念随着"世界

---

[1] 藤津亮太『ぼくたちがアニメを見る理由』，第56页。

系"文类的中介而发生了转折,以至于从这一文类的"世界"看来,像富美那样安然地说出"世界回到原来样子了"这种话,或许才是不负责任的表现。就像新海诚在访谈中主张的那样:"我无法通过电影向人们传达'必须怎样做',我认为人的内心应该是自由的。……也许可以把这部电影称作'原谅的故事'。"或许,新海诚以低调的姿态收回了《你的名字》通过"世界系"的框架向全社会"许愿和祈祷"的努力。

在《天气之子》的宣传手册上,新海诚写道:"如今的世界是我们自身选择的结果。……但另一方面,对于年轻人而言……他们出生时这个世界就是这个样子,他们无法选择,只能在此生活下去。"在这里,"我们"和"年轻人"之间的差异,与其说是代际的差异,不如说是"世界系"作品的"弱伦理"与其外部的"强伦理"之间的差异乃至对峙。甚至这不是"选择"何种伦理的问题,而是"无法选择"、不得不将自己封闭在"世界"之中的状态。同时也可以说,新海诚在《天气之子》中呈现的"弱伦理",通过"世界系"文类的自我封闭而对社会的"强伦理"提出了反驳和质疑:面对自身无法选择却对自己提出种种要求的社会,面对自己的遭遇在其中无足轻重,甚至会被大团圆式的叙事一笔带过的社会,究竟何种行为方式才是"负责任"的?

然而,我们不得不追问的是,在"世界"与"社会"的对峙下,阳菜失去能力后的祈祷又有什么意义?它只能

图 6-9 《天气之子》结尾处男女主角重逢的场景。

六 "世界系"的限度

在"强伦理"的社会中呈现为一种姿态("假装"与社会发生关系、"扮演""晴女"的角色),而无法承担起任何伦理责任。试图以恪守"世界系"文类的方式对那些质疑《你的名字》的批评者做出回应的新海诚,最终选择的伦理位置,吊诡地与"御宅族"们自我满足的半封闭生活达成了一致:我的生活的全部意义与价值,来自我的日常生活以及我在其中做出的任意判断,甚至,它改变与否也完全取决于我自己的决定。而相比于对自我封闭的生活不自知的"御宅族"(假如这样的人真的存在的话),新海诚的回应无疑多了一层犬儒主义色彩。可是,在现实的意义上,或者说在社会的意义上,这样一种伦理位置或许只能进一步撕裂已经四分五裂的公共性的伦理生活,就像人们在任何一部引起热议的影片上发生的、几乎无法调和的争执一样。

从《星之声》到《天气之子》,新海诚一次又一次地实践着"世界系"文类的创作,也一次又一次地尝试这一文类的设定框架所包含的可能性。但如上所述,"世界系"作品内部似乎始终包含着超越这一设定框架本身的契机。而无论是暗示这一契机(《星之声》),实现这一契机(《云之彼端》),将这一契机翻转为反讽(《秒速五厘米》)或辩证综合(《你的名字》),还是抵抗这一契机(《天气之子》),主人公的行动甚或不行动都在下述意义上构成了对"世界系"框架的动摇:原本处于"背景"中的"社会",总会以某种方式走向前台。新海诚有意识地在

《天气之子》中让主角执拗地留在自己和阳菜的"小小恋爱"的关系之中,恰恰是因为,要维系这种私人性的关系,排除社会性的关系,就必须鲜明地与代表社会的力量为敌。另一方面,这也就意味着,在 2000 年代初的许多"世界系"作品中被抽象掉的"社会",不仅始终以缺席的、负向的方式在场,而且,一旦主人公的行动动摇了"世界系"的框架,一旦主人公从原本的私人性的关系走向"外部",那么他们将面对的便是一个怪物般的或空白的社会,一个有待重新界定、重新认识、重新和解的社会。无论是"决断主义"作品还是"日常系"作品,可以说,都是试图应对这种经过"世界系"设定淘洗和抽象之后的"外部"的方式。同样地,如果试图重新将这个怪物般的"外部"或空白的"外部"回收到"内部"之中,由于"世界系"设定所造成的"内部"与"外部"的断裂,由于"世界系"本身缺乏对于这一"外部"的任何实质性规定,这一回收的实现方式也只能是在形式层面进行,也就是说,只能在"设定"的层面将"外部"予以回收。由此产生的作品类型,便是 2010 年代后期不胜枚举的"异世界系"作品:主人公莫名其妙地进入一个陌生的、光怪陆离的"社会"的同时,也意识到这是一个游戏的世界,一个与自己原本社会身份没有关联的社会。此类作品对于"社会"的刻画可以"从零开始",恰恰是因为它们从形式和设定的层面将原本属于"外部"的"社会"内在化为已经事先规定了的、可预期甚至可重复的框架性设定之一。而原本不属于"异世界"的主人公,由于自身的外在视野,使得个人身份与"社会"的断裂不再是需要解决的问题或引起焦虑的原因,而可以从一开始便被顺理成章地接受为给定的条件。从这个意义上说,从"世界系"向"异世界系"的过渡,也许同样是"世界系"文类的题中应有之义。

七　月之美兔的忧郁

——VTuber 试论

（一）何谓 VTuber？

"VTuber"一词是"Virtual YouTuber"的缩写，按照当下通行的说法，大致可以翻译为"虚拟主播"。顾名思义，与各大网络平台的真人主播不同，虚拟主播指的是进行直播者不以本人面目呈现在公众前，而是通过佩戴能够即时捕捉面部表情、动作、神态等的电子仪器，将捕捉数据经由特定软件加工处理后，在屏幕上投射为 2D 或 3D 虚拟人物，以此来呈现主播形象。至于虚拟人物的声音，则既可以由直播者[①]本人直接配音，也可以通过声音合成处理软件，将自己的声音转码为某种特定的音色。

[①] 严格而言，由于虚拟主播的直播者并不是那个在屏幕后面佩戴电子仪器的人，而是投射在屏幕上的虚拟人物，并且，由于进行数据输入和配音的人往往并不愿意将自己的真实面貌呈现给观众，因此，下文将采取日文"中之人"(「中の人」) 的说法，来指代虚拟主播"背后"的（转下页）

VTuber作为如今颇为受人关注的现象的起源，可以追溯到2016年出现的日本VTuber绊爱（キズナアイ）。尽管在绊爱之前就出现过类似"虚拟偶像"之类的产物，但都在没有得到大规模关注的情况下便淡出了历史舞台。[①] 与之相对，近年来随着技术的进步和相关设备的普及、网络平台的支撑和受众消费及娱乐方式的变化，绊爱的登场和活跃一举奠定了"虚拟主播"迅速发展的重要基石，使之成为自"初音未来"、niconico弹幕视频网站、真人网络直播等现象后，又一个在当下互联网时代值得关注和分析的重要亚文化现象。

2016年11月底，绊爱在YouTube网站开设了一个名为"A. I. Channel"的主播栏目，投稿内容以十分钟以内的短视频为主；不久后的2017年3月，绊爱又在YouTube上开设了游戏实况栏目"A. I. Games"。除了YouTube上的栏目之外，绊爱还在众多社交网站上开设账号并与粉丝互动，甚至还发行了自己的写真集，出演了电视台广告。值得注意的是，虽然这一形象采取的视频捕捉和动画合成技术与其后出现的VTuber们并无不同，但绊爱

（接上页）人。同时也请注意，在VTuber文化的自我认知中，"中之人"所扮演的角色一般被认为是虚拟人物的"灵魂"。所以，在本文中，VTuber指的并不是屏幕背后的"中之人"，而是仿佛具有自身人格、独立存在的虚拟主播。关于更多在技术层面对于"Virtual YouTuber"做出的解释，参见小林信行「VTuberは、世界に向かってAIを叫ぶ」，『ユリイカ』2018年7月号（青土社），第41—44页。

① 例如，参见日本于1994年11月创刊的"虚拟偶像"专门杂志《Virtual Idol》（德间书店）。

却坚称自己就是完完全全的人工智能，背后不存在"中之人"；因此，迄今为止，人们也不知道相关视频的创作者、配音者、游戏视频的操作者等究竟是谁。尽管如此，根据一个虚拟主播人气排名的网站统计，到 2019 年 4 月，绊爱在 YouTube 上开设的两个视频栏目的订阅者数量已经分别达到了 2499270 人和 1323262 人，视频播放总量分别为 200556206 次和 100443206 次。① 在短短三年不到的时间里，绊爱的影响力已超越日本本土，在英语世界和汉语世界里收获了不少关注者。（例如，在 Bilibili 视频投稿网站上，一个名为 "AIchannel 搬运" 的视频投稿账号将绊爱在 YouTube 上发布的视频如数上传，其中点击量最多的一个关于《绝地求生》的游戏视频的点击量达到了 152 万次。）趁着这股流行浪潮，绊爱也在 2018 年成为推广日本旅游的 "Come to Japan" 的宣传形象大使。

继绊爱在 YouTube 上登场并大红大紫之后，短短数年内出现了一大批通过类似技术手段进行直播的 VTuber。其中，2017 年下半年出现的 "电脑少女 Siro" "Mirai Akari" "辉夜月" "Nekomasu" 与绊爱一起，被称为

---

① 参见 "バーチャル YouTuber 人気ランキング"（https：//virtual-youtuber.userlocal.jp/），2019 年 4 月 4 日统计数据。除了绊爱的两个栏目分列第 1、2 位，第 3 位至第 5 位的排名、订阅者数量、视频播放总量依次为：3 位辉夜月（かぐやるな）：933029 人、81224995 回；4 位ミライアカリ：741866 人、52816184 回；5 位電脳少女シロ：613748 人、76863387 回。订阅者规模之大，从此可见一斑。

"VTuber 四天王"。① 而截至 2019 年 2 月 21 日，网络上 VTuber 的总数已经突破 7000 人②，除了 YouTube、niconico 等平台，这些主播也在其他大大小小的网络平台上进行视频投稿、游戏实况、聊天直播等，并通过线上线下多种渠道与受众进行互动。在 2018 年 4 月进行的名为"niconico 超会议：超虚拟 Youtube 'Bar'"的线下粉丝见面会上，甚至出现了某个粉丝面对投影在玻璃屏幕上的 VTuber 感动得落泪的事件。应该如何理解 VTuber 这一亚文化现象？它和如今已为人熟知的直播形式有什么根本的不同？为什么许多人会热爱一个虚拟主播？在 VTuber 和受众之间形成的是一种什么样的关系？

（二）VTuber 的三个"身体"

关于这一直播形态，有研究者从中区分出 VTuber 的三个"身体"③。这可以成为我们考察 VTuber 现象的一个颇为有效的出发点。首先，屏幕背后的"中之人"构成

---

① "四天王有五个人不是常识吗？"是流行于 ACG 文化圈的一个"梗"（ネタ）。

② 自从 2018 年 3 月以来，VTuber 每一两个月便会增加 1000 人。数据参见"バーチャル YouTuber、本日 7000 人を突破"（https://panora.tokyo/87739/）。最终访问日期：2024 年 3 月 10 日。关于几个著名 VTuber 的来龙去脉及特点，参见にゃるら「バーチャル YouTuber 略史」，『ユリイカ』2018 年 7 月号，第 230—240 页。

③ 参见難波優輝「バーチャル YouTuber の三つの身体」，『ユリイカ』2018 年 7 月号，第 117 — 125 页。

了VTuber的第一个身体,或称"person",受众不仅无法直接接触这个身体,甚至在整个直播过程中,这个身体起到的主要作用是为仪器设备提供动作和表情数据,并为虚拟形象进行配音。其次,呈现在屏幕上的虚拟人物构成了VTuber的第二个身体,或称chara[①],它是受众直接接触的主播形象。经由直播等媒介形式而为受众接受的形象,则构成了VTuber的第三个身体,或称"persona",这一维度关涉VTuber如何被理解为一个自足的、带有自身性格和风格的完整形象。

相较于VTuber,在迄今为止的真人直播形式那里,仅仅存在person和persona这两个身体。而VTuber的出现,反过来揭示了"直播"这一现象的表演性所在:在直播平台这一给定的媒介下,无论直播内容是游戏实况、歌曲舞蹈、聊天或是"吃播",直播者都总是在扮演着某个特定的人格(哪怕坚持所谓"真实的自我"),而受众接受的也就是persona层面上的主播;并且在很多时候,主播在扮演某个人格的同时,会致力于缝合person和persona这两个"身体",从而使得观众能够将直播中营造出来的人格反过来投射到直播者本人身上,仿佛(例如)以"清

---

① 难波将这一身体称作"virtual character"(バーチャルキャラクタ),简称"character";不过,考虑到本文后面会引入漫画研究者伊藤刚对于"character"和"chara"的区分,为了避免混淆,此处及下文中涉及VTuber呈现在屏幕上的2D或3D人物形象时,将这一维度的身体统一写作"chara"。

七 月之美兔的忧郁 | 183

图 7-1 知名 VTuber 在一场职业棒球联赛上演唱开场曲。

纯"或"阳光"等形象和性格示人的主播事实上就是如此，即便主播的真实生活和这一设定截然相反。正是基于主播和受众都默契地认为 person 和 persona 之间达成同一，才可能产生所谓"人设崩塌""黑历史"等导致 person 与 persona 发生分裂的状况。

如果说真人直播的表演性和两个"身体"之间的一致或分裂，早已为人们所熟悉，那么 VTuber 的出现则将局面大大复杂化了：VTuber 不仅仅在主播原来的两个"身体"之外加上了另一个"身体"即虚拟形象，毋宁说，VTuber 既达成了真人主播难以实现的 person 和 persona 的统一，而且从根本上改变了迄今为止的两个"身体"之间的关系，由此改变了直播和受众的整个环境。之前提到，绊爱的"人设"是坚持认定自己是一个独立的人工智能，想要与所有人交朋友，最终想要促进世界和平友好，而其一举一动也始终贴合这些设定。乍看之下，绊爱似乎仍然蹈袭了真人主播那里对于两个"身体"的同一性的追求；但重要的是，由于绊爱始终否认自己的形象背后存在着"中之人"，而粉丝也乐于将这一点接受为绊爱的"人设"之一（仿佛它和其他设定——如性格开朗的16岁学生——没有本质上的区别，即便所有人都知道以当前的科技水平而论，绊爱不可能是一个独立说话行事的机器人），所以在绊爱这里，person 这一维度被完全抹去了。由此造成的结果是，第三个"身体"维度 chara 的引入，使得原本在 person 和 persona 之间始终存在的张力和缝隙得到了缝合，呈现在受众面前的是一个完美的、不会出错的身体，即(person)—chara—persona 的完全同一。在这个意义上，可以说 VTuber 真正实现了直播形式对于自身的预期。如果说在真人直播的情形下，受众既可以参与到与主播的默契关系之中(从而将 persona 反向投射到直播者本人的人格身上)，也可以同时为所谓的"真实"留有余地(从而揭示 person 层面上的特征与主播所扮演的 persona 的特征之间的差距)，那么在绊爱这里，由于受众只能将所接受的 persona 透过 chara 的维度而投射到那个遭到否定的、空缺着的 person 那里，导致 person = persona 的"真实"如今完完全全取决于这样一种投射，所以，在绊爱和受众之间的交流互动就形成了一个自我封闭的空间，任何貌似与绊爱的"人设"不符的情况(例如视频中为粉丝们津津乐道的绊爱的"低智商"表现)都可以立即被回收到绊爱的 person = persona 这里，而不会损害绊爱的"人设"。

然而，绊爱这种抹去 person 维度的做法，在众多 VTuber 之中其实并不多见。通常情况下，VTuber 并不避讳背后"中之人"的存在——虽然其"真正面目"不会出现在屏幕前，受众还是用"灵魂"这一名称将"中之人"的存在稳固地确立并接受下来。因此，绊爱那里形成的 VTuber 与受众之间的"交流闭环"，本身就成为一个有待分析的症状：为什么受众愿意接受绊爱的自我设定，而不去追究所谓"真正的'中之人'"？换言之，重要的不是受众真的不知道绊爱并不是一个独立的人工智能（在关注绊爱的"御宅族"里，很少有人会如此天真），而是受众假装不知道"中之人"的存在。不但揭露绊爱背后的"中之人"的做法只会显得不合时宜，甚至在其他 VTuber 的场合下，当"中之人"的真面目不小心出现在屏幕前这种"直播事故"出现的时候，粉丝也不会对此感到失望或造成"人设崩塌"。① 为什么会这样？

在这一点上，更具有象征意义的是将"人设崩塌"作为基本"人设"而登场的 Nekomasu。作为没有公司和团队支撑的个人 VTuber，其直播所用虚拟形象有两个；当使用其中之一 Mikoko 进行直播时，会自称是"虚拟口癖萝莉狐娘 YouTuber 大叔"（バーチャルキのじゃロリ狐娘 YouTuberおじさん）。其直播风格从这一有意混杂了多个形象的名称上就可见一斑：虽然虚拟形象为小女孩，但声音却是本人的中年男性配音，并在直播过程中谈论一些如"在便利店打工很辛苦"之类与小女孩形象不太相符的话题。尽管如此，Nekomasu 收获了相当数量的粉丝，在 2018 年 7 月进行的日本全国 VTuber 调查中，他以 28 万人的订阅数得到了第 6 名的成绩。沿用 VTuber 的"三个身体"的说法，在 Nekomasu 这里，person/persona/chara 之间无法整合的关系被伸张到了前所未有的程度：一方

---

① 例如，一个名为のらきゃっと的 VTuber 在 2018 年 2 月的一次直播过程中，由于操作失误而将"中之人"自己的面目暴露在受众面前，于是在一些网络论坛上被认为是"面目暴露"了。不过，のらきゃっと在 YouTube 上获得的订阅者数量并没有因此减少。

面，受众透过"中之人"的男性声音感受到 person 每时每刻的现身在场，或者说，"中之人"不断地邀请受众从 person 的维度来认识 VTuber 的 persona；另一方面，其 chara 本身又是一个集合了猫耳、奇怪的口头禅等"萌元素"的形象，时时刻刻与上述 persona 构成反差，并最终以"反差萌"的形式被回收到 persona 之中。但与其说 persona 的组成依靠的是 person 的性格特征加上 chara 的 "萌"形象，不如说经由 chara 的中介，person 维度上所发生的一切——包括"中之人"的身份、声音、性格、言谈举止，甚至是绊爱那里"中之人"的（假装的）缺席——都将得到转码并收编到 VTuber 与受众之间的"交流闭环"之中。可以想见，在真人直播的场合下，不会有太多"御宅族"会愿意在屏幕前观看一个找不到工作的中年男性谈论自己在便利店打工的辛劳；可一旦经过"虚拟口癖萝莉狐娘 YouTuber 大叔"这一 chara 中介，同样的内容（甚至声音）就作为"反差萌"的一个例子而在受众之间广泛传播。如论者所说，对于"中之人"来说，他们必须"通过虚拟 character 的中介而出现在媒体上，由此开始形成'媒体的 persona'。所谓'virtual'指的正是这一中介"。① 借用法国理论家德勒兹（Gilles Deleuze）的术语，可以说，chara 的中介使得 person 被"去地域化"（deterritorialize），从而可以在一个自由的平面上与各种元素发生连

---

① 竹本竜都「なぜ『ユリイカ』はYouTuber特集ではなくVTuber特集を出すのか?」,『ユリイカ』2018 年 7 月号，第 127 页。

接、碰撞、扭曲、组合，最后"再地域化"（reterritorialize）为一个相对稳定的、可以得到辨认的 persona。

（三）Character、Chara 与"交流数据库"

上文提到，Nekomasu 的形象和声音、言谈之间的巨大差异，被受众接受为一种"反差萌"的体现。在这个意义上，虚拟形象的 chara 这一中介环节之所以能够促使 VTuber 和受众之间达成一个封闭的交流空间，其中非常重要的一个前提条件似乎是上述形象的构成方式。借用漫画研究者伊藤刚在"character"和"chara"之间做出的区分，VTuber 的形象属于"chara"而非"character"：前者指的是通过图像和某个特定专名来确立自我同一性、"仿佛具有人格"的形象，而后者确立自我同一性则需要依附在一个特定的叙事语境之中。不同于 character，chara 可以被从原本的叙事语境中独立抽取出来，放到另一个完全不同的语境下，仍然保存自身的同一性。[1] 的确，从对于 chara 的接受方式的角度而言，一旦 chara 能够脱离原初的语境而独立地参与到其他语境之中，那么我们距离批评家东浩纪所提出的"萌要素数据库"也就仅有一步之遥了：VTuber 本身并不具备任何叙事语境，而是只有在现身于屏幕的那一刻起（无论是自我介绍性质的视频投稿，还是

---

[1] 参见伊藤剛『テヅカ・イズ・デッド——ひらかれた表現論へ』（星海社 2014 年），第 122 页。

即时直播），才开始具有自我同一性；而这样一个没有故事背景、脱离语境的形象出现在受众面前时，之所以不会显得突兀，很大程度上取决于一个事实，即受众已经熟悉了构成该形象的各个要素（如猫耳、丝袜、发卡、制服等）。正是这些要素在背景层面形成了一个不断自我更新和丰富的、动态的"数据库"。① 在这个意义上，无论VTuber以什么样的形象出现，它总是已经处于受众的预期范围之内，从而可以被一个共享的"萌元素数据库"进行回收。VTuber所呈现的具有"萌"属性的虚拟人物，正可以视作从汇集了各种chara形象特征的"数据库"中提取并组织形成新形象的产物。②

但与此同时，不可忽视的一点是，VTuber与受众之间的关系，决不是"数据库消费"所能穷尽的——受众并不（仅仅）是在"消费"体现于虚拟人物身上的各种"萌要

---

① 不少论者已经指出，东浩纪的"萌要素数据库"提法的一个缺陷在于容易给人以静态的印象，而东浩纪在对于日本的galgame（美少女游戏）的分析中提到的文件资料库，更是强化了这一印象。但是，"数据库"与其说是一个的确存在着的、看得见的资料系统，毋宁说是一个不明示的、因此是潜在的（virtual），同时也为某个受众群体共享的知识集合体。而之所以"VTuber"无法完全对应"虚拟主播"这一译法，相当程度上也是因为"virtual"不仅有"虚拟"的意思，更有"潜在、未实现的力量"的含义。

② 参见東浩紀『動物化するポストモダン——オタクから見た日本社会』与『ゲーム的リアリズムの誕生——動物化するポストモダン2』。众所周知，东浩纪认为"数据库"消费取代"叙事"消费，构成了1990年代亚文化消费方式的核心特征之一。另一方面，在此过程中发生的另一个重要现象是，在"数据库消费"模式下，"原作/二次创作"的边界变得模糊，"原作"本身不但从一开始就预期着其后衍生的诸多"二次创作"，甚至本身就是以"数据库"环境为前提而产生的。

素"(尽管如辉夜月这样以穿着暴露为特点的 VTuber 的确有着以"萌要素"为卖点吸引"御宅族"关注的一面)。之前提到,不但像 Nekomasu 这样以"人设崩塌"为"基本人设"的做法最终被受众通过"反差萌"的范畴回收到"交流闭环"之中,而且绊爱对"中之人"的坚决否认也同样可以被收编其中,那么,如果我们仍然局限于"数据库消费"的视角,便只能总结说:一切特征都是"萌要素"。由此带来的"数据库"的无限扩张,非但无助于帮助理解 VTuber 现象,甚至会消解"数据库消费"的分析能力。或许有人会反驳说,只要给定某些语境,那么一切特征的确都可以成为"萌要素"。问题的关键恰恰在于,这些语境是如何构成的?如果"数据库消费"的理解角度是不充分的,那么 VTuber 与受众之间的"交流闭环"的形成条件究竟是什么?

值得注意的是,在东浩纪对于"数据库消费"的分析中,很朴素也很重要的一个前提是:默认、分享"数据库",并在其中辨认、分解、归并各种"萌要素"的"御宅族"们,共同拥有关于 ACG 文化的某些特定知识。由此形成的种种相对私密甚至封闭的"粉丝圈",不但是"二次创作"(从同人漫画或同人文,到仅限"粉丝圈"内部才能理解的暗号般的说法)成立的条件,而且是"御宅族"们相互交流的条件。无论林立的、彼此互不相关甚至时而发生冲突的"粉丝圈"现象是好是坏,无可否认的是,正是人们基于对某些知识的共同认识和交流,类似

"萌要素数据库"之类的背景才能够成立。人们并不根据"萌要素数据库"展开交流；毋宁说，"萌要素数据库"恰恰是人们交流分享共同知识的结果。

　　因此，VTuber 事实上由两部分构成，分别为内容层面上的"萌要素数据库"和形式层面上的"交流数据库"，前者对应于 VTuber 的 chara，后者对应于 persona。VTuber 与受众之间的"交流闭环"，并不是在上述两个层面上各自独立形成的东西；相反，正如在"粉丝圈"内流通的习语和固定说法往往很难为"外人"所理解一样，围绕 VTuber 和受众形成的封闭空间，正是内容层面和形式层面相互扭结、彼此规定和强化的结果。一方面，不经过 chara 这一内容层面的"数据库"的中介，受众无法将原本属于"中之人"的 person 层面的诸多特征投射到 VTuber 的 persona 身上；另一方面，同样关键的是，缺少了 persona 的形式层面的"交流数据库"这一前提，受众之间就不存在一种能够让彼此参与到消费"萌要素数据库"之中的"共同文化"。根据批评家谷岛贯太的论述，在 VTuber 的直播互动过程中，"构成 VTuber 的不是生成特定'chara'等内容的数据库，而是能够对各种事件做出反应或吐槽的'交流'的数据库"。[①] 谷岛认为，"交流数据库"得以成立，相当程度上依赖于 VTuber 出现之前 niconico 视频等网络平台培养的受众的消费和沟通方

　　[①] 谷島貫太「バーチャルYouTuberとコミュニケーション・データベース」,『ユリイカ』2018 年 7 月号，第 144 页。

式：通过即时的"弹幕"等形式，受众能够在视频内容的同时看到其他人的评论或吐槽；结果，"附加在视频上的评论本身的固定模式便作为数据库而积蓄下来。这个数据库不生成内容，而生成交流"。① 而这些五花八门的网络平台得以流行，本身也可以视为当下公共生活支离破碎、以往具有公民政治参与意义的共同体空间逐渐向着私人化、碎片化、娱乐化的封闭社群蜕变的结果。② "弹幕"和"评论"的积蓄，不涉及特定的视觉形象或性格，而更多的是本身意义含糊的、"抖机灵"式的表述，它们在一个特定群体内用于确认彼此的交流可能性，确认群体的"内/外"边界（能否领会一个"梗"并做出反应，就像是用来识别"自己人/外人"的对暗号行为）。内容层面的"萌要素数据库"和形式层面的"交流数据库"为受众顺利接受和认知VTuber营造了不可或缺的背景性平台；正是因为这一平台的存在，相关技术的平价化、直播平台的发展等才能以VTuber的技术支撑的面貌登场。因此，尽管绊爱之前早已出现过"虚拟偶像"，但均以失败告终。这里的关键不是技术的进步或落后，而是"想象力"的不同。

---

① 谷島貫太「バーチャルYouTuberとコミュニケーション・データベース」，『ユリイカ』2018年7月号，第142页。

② 如东浩纪所说，"御宅族"们将自己封闭在"兴趣的共同体"之内的做法，"不是因为他们拒斥社会性，而是因为社会性的价值规范无法良好运作，他们被迫要创造别样的价值规范"。参见『動物化するポストモダン』，第43—44页。

(四)"月之美兔"的意义

然而,从结果来看,如果 VTuber 和受众之间的"交流闭环"只是不断地对相互扭结的、内容和形式层面上的两个"数据库"加以确认和再生产,那么 VTuber 的出现就无法为既有的 ACG 市场的文化生态、语法、模式带来任何新的东西。它要么只不过将"御宅族"们迄今为止寄托在漫画、动画中的虚拟人物身上的感情(即被人讥讽为"和纸片人谈恋爱"的现象),依靠先进的即时互动技术转移到了一个更为"活灵活现"的形象那里,要么只是完善了"直播"自诞生之日起便始终追求的 person 和 persona 的统一,从而为运营商的盈利模式(如要求受众在直播间为主播购买虚拟商品)提供了一个稳固的基础。VTuber 似乎不仅没能回应人们对于人工智能等先进技术抱有的直观想象——仿佛它们带有为当今世界开拓未来的承诺——而且将一切对于"另一种生活的可能性"的想象,全都提前封闭在"交流闭环"的自我增殖、自我消化的过程中。这一短路式的输出和输入过程,最终与东浩纪所说的"动物化"(即对于私人性乃至生理性的"欲求"的直接满足)毫无二致。

在各类 VTuber 层出不穷的当下,一个名为"月之美兔"(月ノ美兔)的 VTuber,或许能够为突破"交流闭环"所带来的困境提供一些有意思的思考线索。2018 年 2

月 8 日，月之美兔的制作公司"彩虹社"（にじさんじ）一举推出了 8 位 VTuber，其初衷据说是为了推广自己公司的一个手机应用程序。虽然数量众多，但由于缺乏足够的资金和技术支持，包括月之美兔在内的这几位 VTuber 无法做到像绊爱那样呈现丰富的表情和动作，而对于"中之人"如何经营、扮演 VTuber，公司也缺乏足够的规划。因为"中之人"自己的直播设备性能较差，无法运行其他主播进行实况直播的游戏，直播内容只好局限为互动聊天，或玩一些颇为诡异的冷门小游戏。但令人惊讶的是，这样一个堪称"粗制滥造"的 VTuber，竟然在短短几个月的时间内在 YouTube 上收获了 20 万的订阅量，俨然有与"四大天王"分庭抗礼的趋势。

其中的奥秘在于月之美兔背后的"中之人"。按照官方的人物设定，月之美兔年龄为 16 岁，是高中二年级的"班长"，性格"虽然傲娇，但骨子里很认真。本人很努力，但稍微有点做无用功，常常在话说出来之后气馁地感到说得太过了"。① 但是，"中之人"在直播过程中却完完全全打破了这些设定，其中为人熟知的例子包括：直言自己看过恐怖片《人形蜈蚣》(*The Human Centipede*) 并介绍其内容，宣称吃过多种杂草，谈及高中时代的时候用过去式，等等。不过，和 Nekomasu 这样有意将"人设崩坏"作为标志性特征的例子不同，月之美兔的"中之人"并不

---

① 参见官方网站上的介绍：https://www.ichikara.co.jp/。最终访问日期：2024 年 3 月 10 日。

七　月之美兔的忧郁 | 195

图 7-2　月之美兔通过投影的方式举办演唱会。

希望破坏VTuber的"人设"。换句话说,这个"中之人"并没有直接向受众提供理解月之美兔的方法;于是,如论者所说:"月之美兔的存在方式的奇妙之处是,她一方面坚持自己的虚拟人物立场,另一方面又几乎对'内在'[的'中之人']不加隐藏。"① 本该隐藏起来的、与"中之人"的person相关而与月之美兔的persona相悖的特征,却"没有能够完全隐藏起来"②。这一点将月之美兔区别于迄今为止出现的众多VTuber,为她赢得了许多关注和喜爱。

但是,对于体现在月之美兔之中的person与persona的矛盾,受众的接受方式即便仍然遵循着"通过'二次创作'将差异回收到persona之中"的逻辑,其前提条件却不再是相互扭结着的"萌要素数据库"和"交流数据库"的运作;换句话说,借用评论者新八角举出的例子,当月之美兔的"中之人"在直播中说"我去喝水了",人们对于这句话的理解方式,与人们理解Nekomasu在直播中说"便利店打工很辛苦"的方式,是截然不同的。如果说在后者那里,受众以"崩坏人设""反差萌"等范畴将"中之人"的特征顺利收编进既有的"交流数据库"中,并在此基础上确认和扩大这一数据库的话,那么在前者那里,人们对于月之美兔"喝水"的理解并不

---

① 新八角「月ノ美兔は水を飲む」,『ユリイカ』2018年7月号,第94页。
② 同上书,第93页。

需要、也无法经过"萌要素数据库"和"交流数据库"的中介。当然，人们对于月之美兔的"中之人"不经意流露的一些"不专业"表述或行为感到有趣，根本上也不是因为"中之人"本身多么有趣。① 毋宁说，这些言谈举止之所以显得有趣，是因为透过诸如"喝水"等行为，月之美兔透露了一种"活生生的，尽管不真实，但却能感受得到的存在感"②。新八角将这种"存在感"称作"实在性"（確かさ），并解释道："换一种更好理解的说法，这也可以说是例如在'喝水的月之美兔'这里感觉得到，在'喝水的主播'这里却感觉不到的存在感。"③

---

① 尽管很多人指出月之美兔的"中之人"拥有丰富的"宅文化"知识，从而可以和"御宅族"们进行密切的交流，但令月之美兔广为传播的一些著名"事件"，如"中之人"遇到游戏中的不雅镜头时说"得用我自己来挡住"并用屏幕上自己的形象遮住游戏画面；又如直言自己现在是将手机放在洗衣机上进行直播，等等，却与"中之人"自己的知识或能力没有太大关系。不难设想，如果"中之人"本人现身进行真人直播，这些如今被认为"有趣"的特点都将不再有趣。
② 新八角「月ノ美兎は水を飲む」，第96页。
③ 同上。不过，新八角仍然在"萌要素数据库"和"交流数据库"的相互作用的论述方向上把握月之美兔的特异性，认为受众"在接受月之美兔的'内在'并不是真正的高中女生的前提下，仍然称她为'班长'"，这种"即使否定VTuber的'容器'的发言也不会动摇月之美兔的存在"的现象，归根结底是因为"通过粉丝的二次创作，'洗衣机上直播的月之美兔'的形象被回收到月之美兔的基本设定之中"（第93、94页）。我认为，这一论述方向恰恰错失了作者本人触及的一个要点，即月之美兔所体现的"存在感"是一种非现实的、同时却非常"实在"的感觉，它或许只能被定位在"virtual"的层面上，但却不同于同样作为"virtuality"存在着的"萌要素数据库"和"交流数据库"。

最直接地说，我们看到真人主播说"我去喝水"时并不会感到有什么异样，因为人需要喝水，而在月之美兔这里，我们知道作为 chara 存在的这个虚拟人物本身不需要喝水，只是其背后的"中之人"要喝水；但是，包含在"月之美兔喝水"的行为中的异样感，同时也奇特地抵抗着 chara 的中介，拒绝被收编到月之美兔的 persona 中去。无论是动用"萌要素数据库"还是"交流数据库"，都无法将"喝水"这个稀松平常的行为合理化。我们能够理解"月之美兔喝水"的行为并感到异样而有趣，不是因为我们从中看到了月之美兔的特征（仿佛"喝水"对应着一个"萌要素"），也不是因为我们透过月之美兔看到了"中之人"的特征（仿佛受众会对屏幕背后的人正在"喝水"这件事多么感兴趣），而是我们借此看到了"中之人"正在扮演月之美兔的行为本身。但吊诡的是，我们所"看到"的这个"扮演"行为，并非像 Nekomasu 的情形那样有意将 person 与 chara 之间的差异凸显和放大，而是一个不经意的、根本而言并不属于"扮演"的行为。这个瞬间将受众暂时带离 VTuber 的 persona，但又不直接将他们抛回到"中之人"的 person 那里。换言之，这个令受众感到奇异的瞬间，最终指向的不是 VTuber 的三个身体，而是受众自身：诸如"月之美兔喝水"这样的瞬间，使受众自返性地意识到自己与 VTuber 之间的"陌生感"，从而将自己暂时从"交流闭环"中抽离出来，哪怕这些引起"陌生感"的时刻仍然可能在之后被收编入这个闭环(比如有人就以"吃杂草"为主题,为月之美兔设计了一个小游戏,而这个游戏甚至出现在月之美兔的直播中)。透过月之美兔的喝水,我们"看到"的是"中之人"作为一个特定的个体,在一个特定的场合扮演着一个特定的角色;于是,原本显得顺理成章、被"交流闭环"的结构性再生产所合理化的行为,在这些瞬间突然向我们呈现为偶然的、"本可以不必如此"的行为。

在这个意义上,我认为月之美兔的"中之人"不经意间呈露的种种"奇异"的瞬间,并非通过虚拟形象的中介而使受众能够"参与到另一个现实之中"[①];不如说,这些瞬间将受众带回他们本来身处的那个现实。不过,这个"本来的现实"并不是一个纯洁而无辜的状态。恰恰相反,倘若我们所处的"现实"已经是一个被各种"交流数据库"——以视频网站弹幕、"表情包"、帖吧讨论、微博转发等平台为基础而形成的数据积蓄——所包围、形塑的环境,以至于我们会自觉不自觉地、天真或玩世不恭地根据现有的语法和游戏规则参与其中;更进一步,倘若我们在日常生活中的交流已经被日趋固化的群体边界所规定,以至于任何一种公共或私人的话语都成为对于既有的某个"交流闭环"的再确认和再生产,那么,"喝水的月之美兔"这样引起奇异感和陌生感的瞬间向我们提示的"现实"或"实在性"便是:VTuber 等现

---

① 新八角「月ノ美兎は水を飲む」,第 97 页。

图 7-3　如今甚至出现了不需要"中之人"进行配音和动作的人工智能虚拟主播(AITuber)。

象得以成立的根本前提，不是技术的进步和平价化，也不是内容和形式层面的"数据库"积蓄，而是本身无法自我显现，却被各种社会机制不断攫取（capitalize）、分化（articulate）、差异化的"现实生活"。而在这个自身没有目的、不指向任何特定的"实现"方式的、必须被称作"virtual"的"场所"这里，我们总是能够重新构想未来，重新安排我们的生活。

八 网络直播与社会的"气泡化"

无论在当代中国还是日本,从真人主播到"虚拟主播"的网络直播作为一种亚文化现象已经吸引了相当多的社会关注,由此带来的经济效益和文化产业链也早已不是什么新鲜话题。不仅国内外各种网络直播平台层出不穷,而且直播内容也五花八门,从唱歌跳舞到打游戏、吃饭、聊天,不一而足。必须承认,网络直播已经成为一个全球性的文化现象。根据中国投资产业研究院发布的《2019—2023 年中国网络直播行业深度调研及投资前景预测报告》,截至 2018 年 12 月,网络直播用户规模虽较 2017 年底减少 2533 万,但仍然达到了 3.97 亿,用户使用率为 47.9%。2019 年 7 月 17 日,国内网络直播平台"斗鱼"在美国纳斯达克上市,而与此同时国内另外两个直播平台"虎牙"和"YY"的市值分别达到了 49.86 亿美元和 52 亿美元。① 时至今日,"直播"已经远远超越了

---

① 相关数据参见 http://www.ocn.com.cn/reports/1980wangluozhibo.shtml。最终访问日期:2024 年 3 月 10 日。

传统意义上的"事件直播"（如体育赛事、重大社会新闻等）的范畴，而以几乎是刻意营造的"日常生活"——其特点是没有目的也缺少叙事，即所谓"没有终结的日常"①——为主要内容。语词含义本身的泛化演变，往往是语词背后的社会环境发生变化的症候。因此，对于当今的文化研究来说，作为文化现象和社会现象的"网络直播"，已经成为一个绕不过去的研究课题。

不过，一个现象的社会流行度或许可以为研究分析提供必要性，它本身却无法为研究分析提供正当性。从根本上说，究竟为什么要讨论网络直播现象？直播文化的流行，仅仅是因为它们满足了一部分人的偷窥欲和好奇心吗？它如何表征当代受众对于"文化"的认知模式的变化，如何表征当今社会的"政治无意识"？如今对于直播现象的研究已经不在少数，但往往侧重于文化产业结构、审美机制、运营模式、受众心理机制等角度的分析，关于这一现象的社会理论分析和文化政治分析，还有待充分展开。

在这里，作为分析的入手点，与其大而化之地描述网络直播现象的基本特征，不如以一个看起来有些不可思议的现象为抓手。就形形色色的"真人直播"形式而言，颇为有意思的是，如今主播的"身体"逐渐与本人

---

① 在 ACG 文化研究领域，这一说法往往被学者用来指称 1990 年代末以降日本出现的一种动画片类型，它以描写单纯的日常生活，或以所谓"日常"的单纯重复性，取代了具有宏大虚构背景和叙事的"史诗"动画片类型。

的身体相分离。例如,在某个知名主播平台的年度大会上,几位粉丝数量庞大的主播参与了现场活动。而人们看到,出现在"线下"的主播本人,尽管化了妆,却与出现在直播画面中的形象相差巨大。然而,即便如此,当活动结束,主播重新开始直播后,粉丝数量并没有减少。(重要的并不是"粉丝群体"是否还是同一群人,而是"流量"的数量性持续甚至增加。)又如,著名的游戏主播"带带大师兄"的粉丝不仅以取笑这位主播为乐,甚至粉丝们在其微博下的留言与微博内容毫无关系,以至于主播的直播平台和微博平台都成了粉丝之间相互交流的背景性前提。当粉丝们在"带带大师兄"的某条微博下写日记、发动画片的时候,他们的交流不仅与具体的微博无关,甚至与这位主播也无关。可以说,在主播和受众的互动过程中形成的网络流量,本身成为互联网经济中一个举足轻重的指数,从而抽空了主播自身的"身体"本应具有的深度和厚度。如果说在过去电视上的"事件直播"那里,直播凭借特色内容而吸引受众,那么在"没有终结的日常"式的直播中,主播和受众之间的交流空间越来越不受到内容以及主播固有的"身体"的影响;而在"虚拟主播"那里,这一身体层面的空洞性达到了前所未有的高度。从这一角度来看,如今在国内已经遍地开花的"虚拟主播"的出现,恰恰以高度寓言的方式呈现了主播"身体"的抽象化、平面化,以至于屏幕不再是主播的身体(person)和受众之间的一个背景性"中介",而是成为主播的"身体"（persona）据以表象的构成性因素。① 可以说，虚拟主播的确并没有为直播带来什么翻天覆地的变化，但它的意义恰恰在于将一般意义上的直播过程中被遮蔽，尤其是被诉诸例如"人的窥视欲""对个人隐私的好奇心"等心理(学)研究进路所遮蔽的一些重要问题，以明朗的方式表现出来。

因此，分析包括虚拟主播在内的直播现象，就必须分析主播和受众之间的特殊交流空间。对于这一点，我试图提出的一个概念工具是"交流闭环"，即通过内容层面的"萌要素数据库"和形式层面的"交流数据库"所组成的、受众之间共享的半封闭式圈环状话语结构。虽然这里依然采用了东浩纪所用的"数据库"一词，但直播的受众之间的这一话语结构，早已不像东浩纪以前分析的"萌要素数据库"那样，单单止于将原本应该镶嵌于某个叙事之中的形象进行符号式的分解、归并、统合为一个相对稳定乃至静态的系统；相反，"交流闭环"的话语运作方式的特征，恰恰是不稳定性、流动性、即刻性、开放性、戏仿性；受众通过不断将直播过程中的各种因素收编为闭环中的新"梗"，并不断重复内容层面上的这些"梗"而将它们变成形式层面上的"可交流性"的保障因素，从而维系交流过程的顺畅运转。这些话语如何更新、如何消

---

① 换言之，作为"person"存在的身体指的是主播自己本来的身体，而作为"persona"存在的身体指的是受众在观看直播过程中对于主播表现出来的形象、性格特征等的把握。关于主播的两个"身体"维度的讨论，以及下文提到的"萌要素数据库"和"交流数据库"，参见上一章的讨论。

失、如何结合、如何变换,并不遵循东浩纪对"数据库"的分析中默认的前提,即"御宅族"对于各个美少女形象的"萌要素"的分析和拆解仍然维持着一定的可辨认的法则(如对于女性的发型、着装、性格等特征的有序分类)。毋宁说,一旦将"交流数据库"与"萌要素数据库"相结合,便可以看到两者可以在"交流闭环"中不断地相互转化——某个"梗"既可以在内容层面作为"萌要素"被消费,也可以在形式层面作为维系交流运转所必需的话语而不断地被再生产。一个"梗"既属于内容的数据库,也属于形式的数据库,并且作为"梗"而天然地拒绝一切具有深度的意义阐释,拒绝一切实质化和总体化。

这样一种"交流闭环"的形成和运作,当然不仅仅限于直播现象。我想直截了当地说,无论是直播平台,还是帖吧,还是各种社交平台上追星族们形成的圈子,无一不是大大小小的"交流闭环"以及依靠这些闭环形成的特定话语流通方式。这些"交流闭环"的形成,与一般意义上的"兴趣小组"具有完全不同的伦理意义,发挥着完全不同的社会功能。当公共生活的样式在如今时代因各种原因、各种方式而逐渐消失,当集体性的意义赋予过程日益被市场的私有化和商品化逻辑所攫取和收编,朴素地说,人的社会性当然需要通过别的方式得到补偿。这些独立、自律的"交流闭环"一方面有着彼此难以分享的内在语法和逻辑,另一方面也都有异于乃至对抗着主流意识形态的语法。这些难以被主流意识形态收编和掌控的话语

八 网络直播与社会的"气泡化"

"闭环",与其说像以往对于"80后""90后""00后"的界定那样以代际区分(或任何一种稳定的概念框架)为特征,不如说呈现为无法归类的、散乱的彼此分立状态。

当代政治所面临的"文化治理"难题,相当程度上可以归结为上述难题。不过,问题的解决或许并不取决于如何在两套话语之间实现"翻译",因为两者之间"不可译"的原因,远远超出了治理手段的讨论范围。换言之,一般意义上的治理逻辑的前提——如治理者与被治理者的社会性区分,治理的手段与目的的区分,等等——也在受到挑战。挑战之一便是,与网络经济时代的"交流闭环"的话语流通(或"流量")相对应,一般意义上的现代社会和政治理论的起点,即通过职业和身份的集合而界定的"个体",正逐渐让位给种种数据流量——德勒兹曾经将此称为"分人"(dividuals)[1]——例如快递的数据、交通的数据、医疗的数据、饮食的数据等等;当一个人的行为被分散、瓦解成一系列数据之后,不仅这些数据之间没有统一性原则可言,而且技术领域的进步注定愈发显示出意识形态领域的滞后。这里涉及的问题是,在这种情形下,以个人的政治主体性为基础的共同体生活是否仍然可能?事实上,在"分人"原则下,支撑各个"交流闭环"内部交流的技术手段和系统,将集体性的意义赋予、身份

---

[1] 参见 Gilles Deleuze and Félix Guattari, *A Thousand Plateaus*:*Capitalism and Schizophrenia*, trans. Brian Massumi (Minneapolis:University of Minnesota Press, 1987), p.341。

认同、价值证成的过程,都留给了"交流闭环"的自发形成和自我运转(或者被后者所取代)。其结果是,不仅各个"交流闭环"之间彼此无法分享实质性价值——从"治理"的眼光来看,它们仅仅在数据的意义上受到技术管控,而从价值证成的眼光来看,它们往往显得杂乱无章、毫无秩序——而且它们无法具备对于社会的总体性视野和认知,最终也无法带来共同体生活的严肃性。我将这个现象称作社会的"气泡化"。

"气泡化"现象毫无乌托邦色彩可言。不仅每个"气泡"的形成在技术上、模式上、内容上,甚至在给人带来的刺激点上都遵循着资本的逻辑,而且延续着过去的生产与管理模式具有的一系列特征或弊病,尽管并不是每个"气泡"都必须带有所有这些特征:分工、等级制、自我神秘化等。从整个社会的角度而言,这些林立的、彼此互不分享语法的"交流闭环"只是在技术的意义上共同存在于同样的网络和社会环境之中,而主流意识形态询唤机制也早已无法在个体的"身份同一性"的前提下运作。正是在具有总体性的认知视野统统缺席的状态下,对于某个"交流闭环"的话语的模仿,可能成为主流意识形态(及其危机)的一部分。例如,当主流媒体开始利用粉丝圈子的术语对严肃议题发言的时候,导致的结果往往是对于议题的严肃性的取消或抽空。在一个将共同体本身辨认为"偶像"的"交流闭环"中,真正维持交流的共同性的并非关于这一共同体的内容性界定,而是借取自"偶像应援"话语的种种戏仿。归根结底，我们在这里见到的不是主流意识形态话语与一种非政治话语的融合，更不是代际意义上的"年轻一辈"的政治成熟；毋宁说，这里发生的事情是政治的概念在"交流闭环"内被转化为一个空洞的"梗"。

以"社会的气泡化"为主题，我想强调的是，包括网络直播在内的一系列当代亚文化现象以及随之形成的"交流闭环"，区别于一般意义上的"兴趣小组"的重要之处在于，在前者那里，公共性/私人性、政治性/非政治性、严肃/不严肃、虚拟/真实等区分愈发模糊，直至不复存在，不仅是在认识论的意义上不存在（在这一点上，我们早就熟悉法国思想家鲍德里亚［Jean Baudrillard］关于后现代文化做出的诸多论断，也早就熟悉诸如"拟像"这种取消"本真/模仿""起源/衍生"等二元区分的概念），而且是在生活方式的意义上，乃至政治本体论的意义上不复存在。例如，如今一个支持"地下偶像"团体的"宅男"并不会认为自己对于偶像的付出是"不严肃"的、游离于真正的生活之外的行为。吊诡的是，在1990年代至2000年代针对"御宅族"现象的讨论中，"严肃/不严肃"的区分正是"御宅族"的自觉意识，也正是因此他们才会成为某种社会问题的症候（即所谓"逃避生活"）；如今，恰恰相反，正是从"应援"、直播间"刷礼物"等活动这里，处于"交流闭环"内的参与者才能够确证自己生活的意义；而这种生活不再是"不严肃"

的，当然也不是"严肃"的。我希望借用"气泡化"一词突出的，正是上述边界的模糊、暧昧、脆弱、失效，以及"气泡"之中的内容的空洞化。"气泡"的壁垒没有坚硬度，无法支撑起一个具有伦理实质性的共同体；由"内容数据库"和"交流数据库"构成的"交流闭环"，不断生产流通着毫无意义的话语（如好几年前网络上流行的所谓"六学""九学""明学"等），而追踪这些话语的起源和终结同样毫无意义，因为参与其中的人们并不在意这些话语的流通过程和最终指向，不在意它们是否能够作为某种介入现实的"微观反抗"的手段发挥作用。毋宁说，比起这些，他们关心的只是通过参与其中，通过这一漫无目的地分享无意义的话语的过程，在自己身上激发起一些无法归结为稳定情绪状态的"情动"（affects）。与此同时，正是依靠这一本身并不交流任何内容的交流过程，参与者之间建立起了一种仿佛彼此之间拥有共同性的连带关系。或者说，他们享受的是这种感觉。这些莫可名状的"情动"并不导致主体的实质性变化，也不产生与他者的实质性联系，却以"仿佛如此"的方式满足了人们在公共生活日益缺失的日常状态下的社会性诉求。这种连带关系的形成仅仅依赖于"交流闭环"中话语的空转，这一关系的基础也不是参与者严肃的个人投入（commitment）；相反，这种连带关系的形成，使得参与者的社会性被牢固地确定在她既有的生活现状之上，空洞的交流并没有填补公共性的缺失，而是通过取消公共性/私人性的区分，吊诡地变成了公共性本身。但也正是因此，"交流闭环"形成的这种貌似的公共性连带关系，免除了参与者的责任。整个"交流闭环"形成了一个无责任系统，以至于没有人应当为某个"梗"的产生和流通负责，更没有人会为这种交流所可能引发的伦理和政治后果负责。

在谈论当下网络时代的各种流行文化现象，讨论其中的危险和解放的可能性的时候，需要对比的不是这些现象和种种"陈旧"的文化娱乐形式，以及由此形成的小型组织（读书读报小组、登山俱乐部、棋牌室聚会等）之间的区别，而是它们和迄今为止被接受或批判的"传统"流行文化——如电子游戏、动画片、漫画等——之间的区别。在后面这一点上，就受众对于亚文化的预期和消费方式而言，当代受众不再满足于被动地接受和理解（一个典型的姿势是坐在沙发上看电视的"消费者"），他们更加希望积极主动地参与其中。借用当今电子游戏领域的两种类型来说，这一区别体现为"虚拟现实"（Virtual Reality）和"增强现实"（Augmented Reality）的区别。① 在很长一段时间内，亚文化的表现方式都依赖于表现"虚拟现实"，尽管以往在技术层面没有达到今天的高度，但无

---

① 值得注意的是，这两种类型并不单单是同时并存的状态，也不单单是游戏开发商的决策反映。两者之间的此消彼长，恰恰反映了受众的文化期待和价值诉求在不同时代的变化。

图 8-1　通过佩戴设备让玩家沉浸其中的大型 VR 游戏。

论是漫画书、动画片还是电影,它们所凭靠的媒体介质都预设了受众作为被动的认知者的位置,预设了认识对象的完整性,也预设了受众与文本之间的阐释距离。甚至可以说,恰恰是上述一系列预设,使得亚文化的许多文本逐渐步入了"文化经典"的行列,以至于动画片或电影可以通过受众的阐释而形成所谓"非娱乐"的意义。一部好莱坞通俗电影和一部经典文学作品之间的差距,是意义深度的阐释性差距,但两者对于受众和作品的位置的预设,并没有太大不同。也就是说,"虚拟现实"所呈现的"作品世界",从始至终维持着与受众自身所处的"现实世界"之间的差异,并让受众可以在两者之间进行静观、比较、思考。并且,以漫画和动画片为代表的"虚拟现实",通过有意与现实生活拉开距离,暂时悬置了受众对于现实生活的投注。在日本批评家宇野常宽看来,以日本的情况来说,以表现"虚拟现实"为特征的漫画和动画的流行,是战后尤其是 1970 年代之后大众对于社会革命及其宏大叙事不再抱有期待,转而从虚拟叙事中寻求意识形态替补的结果。从 20 世纪全球历史视野来看,可以说冷战的结束和福山(Francis Fukuynma)提出的著名的"历史终结论",使得宇野的论断幅度远远超出了日本国内社会。

然而,2000 年以后,国际政治形势的变动和以"9·11"事件为代表的国际恐怖主义势力的抬头,使得"历史终结论"所承诺的固定世界图景不再令人信服,人们开始对现实的变化可能性产生期待和焦虑。大众逐渐不再需要以"虚拟叙事"来抵抗坚硬牢固的"现实世界"。在这一背景下,与"虚拟现实"相对的、被称为"增强现实"类型的作品开始获得越来越多的关注。以近年在全世界大红大紫的手机游戏《Pokemon Go》为例,"增强现实"反过来将"作品世界"作为"现实世界"的"增补"(supplement)提供给受众:受众并没有离开"现实世界"而进入另一个世界,他们始终是在"这一个世界"里;毋宁说,受众通过"增强现实"而得以将迄今为止被排除在"现实世界"之外的"世界"都收编到自己的"现实"内部。受众通过"增强"的现实而再次确证了自己对于"现实"的认识和掌控。正是在这个意义上,网络直播的新颖性体现了出来:如果说受众通过直播这一媒介形式获得愉悦和满足,这或许并不是因为直播给人以一种觊觎他人隐私的幻觉;恰恰相反,通过一方面维持"屏幕"这一与传统影视媒介无异的形式,另一方面引入产生"情动"的共时性互动机制,受众得以将以往只能被动观看和接受的"屏幕形象"积极收编到自己的"现实生活"之中,尽管所谓的"现实"在此已然是一个"交流闭环"。同样,在虚拟主播这里,受众第一次能够在"增强现实"的意义上将本来只属于被动接受领域的"二次元"虚拟形象,收编到自己的共时性"现实"之中。虚拟直播所实现的,不过是将"御宅族"们之前通过"萌要素数据库"的消费唤起的"情动",提高到了前所未有的程度。

八 网络直播与社会的"气泡化" | 215

图 8-2 出现在新宿的 3D 广告屏幕可以被视为 AR 技术的运用。

图 8-3 通过 AR 技术将虚拟形象透过手机屏幕投射到周围环境的效果。

吊诡的是，无论是给主播花钱送礼物，还是为了某个偶像购买握手券，受众所参与的并不是"虚拟"和"现实"的结合，而是以"交流闭环"为前提实现所谓的"增强现实"，即通过某种虚拟的"增强"而激活了的、"情动化"了的现实。通过直播间送礼物或参加握手会而获得的经验，最终指向的是受众对于自身现实的再确认。① 然而，既然这个"现实"已经处于"交流闭环"之内，那么，"增强现实"也可以写作"增强的交流闭环"。因此，通过共时性地与主播互动，通过与"偶像"产生共情，受众在这一"增强现实"中感受到的所有"情动"，最终只能促进受众以不介入的方式介入一种没有公共性的公共性，从所谓的"增强现实"中体验"现实"。② 在这里，一切与陌生的、未知的、具有他异性(alterity)的他者的遭遇，都会立即被回收到作为"交流闭环"的"增强现实"内部，作为"安全的疼痛"而被消费。从这个意义上说，东浩纪在1990年代末日本"御宅族"们的"数据库"式消费模式中看到的政治可能性，或许只是迈向"增强现实"的第一步。众所周

---

① 在这个意义上，以"快手""抖音"等平台为典型的短视频并不是"增强现实"的反例；恰恰相反，这些短视频向受众承诺的前提始终是：这里呈现的不是有异于日常生活的世界，而正是与受众的日常生活处在同一维度的、彼此联系着的世界。短视频所呈现的新奇有趣的事，反过来激活了受众的"现实"本身。

② 正是在这里，"增强现实"走到了它的反面，甚至比"虚拟现实"更加"虚拟"："增强现实"对"现实"的"增补"，将原本处于"交流闭环"之"外部"的因素纳入到"闭环"的内部。

知，当时兴起的各种同人展、交流会，其中所谓暧昧的可能性如今都已消失在"交流闭环"的话语空转之中。

然而，由此形成的"现实"，恰恰掏空了传统意义上所谓个体与共同体之间的伦理纽带；可以设想，当"交流闭环"的"现实"所生产的连带关系将政治包含在自身内部——也就是将政治领域"气泡化"——之后，一切严肃的政治议题都将不复存在，剩下的只有不断再生产和流通的、本身经不起深究的话语，以及一群仅仅是仿佛投身其间的参与者。他们通过社交媒体确认自己可以参加的集体性活动，"打卡签到"般地抵达一些被"激活"了的现场(无论是因为那里有游戏里的"宠物小精灵"，还是因为那里有任何组织化了的社会活动)，通过一些他们自身也不甚了然却可以维系彼此交流的话语(无论是政治的还是非政治的)，通过由此形成的仿佛就是公共性一般的东西，确证自己的生活价值和意义并重新激活那空洞的、"没有终结的日常"。如果我们仍然坚持以往的政治科学分析，那么这种集体性活动呈现出的规模和持续性只会显得匪夷所思。但是，与传统意义上的那些具有明确目标和政治意义的市民运动不同的是，这种"增强现实"意义上的、游戏般的集体行为，究竟在多大程度上能够为参与者带来对于新的未来、新的社会性和集体性的想象，始终是一件无法预期也无法确定的事情。"增强现实"所包含的时而新鲜、时而匮乏的想象力，使得以它为基础的政治活动在呈现出惊人的参与度的同时，也暴露出同样惊人的

"反动"品格：归根结底，"增强现实"指向的不过是对现状——一切都可以回收到"交流闭环"内部的、缺乏严肃性的现状——的肯定和再确认。仿佛参与政治活动或参与手机游戏，都只是"没有终结的日常"中的一些足够引起生理性刺激的调味料。更重要的是，在当今的技术和文化条件下，哪怕参与者主观上抱持绝对的严肃性，其参与本身也注定总是已经落入"增强现实"的"交流闭环"之中。

针对能够激活现实、引发"情动"的"增强现实"，"虚拟现实"对于现实的完全排除和替代，愈发显得丧失了与参与者的当代生活的接触点。回到网络直播现象，能够体现上述差异的一个例子便是：人气高的主播在直播时可以获得上万人同时在线的观看数据，却很少有人会去看完整的直播录像。因此，或许我们应该问的问题不是，(例如)《Pokemon Go》所引起的集体行为和具有政治意义的集体行为之间如何区分；事实上，如今两者已经很难区分，或者说两者的区分已经不那么重要；相反，应该问的是，当"交流闭环"的"增强现实"偶然让它空洞的内容碰上公共性议题的时候，当迄今为止的一系列政治哲学术语和思考方式无法充分应对这些社会现象的时候，我们应当如何思考包括现代民族国家在内的既有政治框架以及与之休戚相关的概念范畴，如个体、社会、集体性？

附录一　旁观者的非伦理

——评中村淳彦《东京贫困女子》

2019 年，擅长以纪实性报道撰写以"社会边缘女性"——风俗小姐、AV 女演员、非法卖淫的女大学生等——为题材的所谓"非虚构作品"的畅销书作者中村淳彦，出版了一部在日本颇为热销、翻译成中文后在中国也得到了不少好评的著作，这就是《东京贫困女子》。① 据说，这部著作源于"东洋经济在线"网站策划的一个名为"挣扎于贫困中的女性的现实"的专题报道，中村和一位同事以此为中心，专门寻找周围那些陷于贫困的女性，对她们进行采访，整部著作便由这些采访构成。所以，全书虽然进行了章节划分，但其实各章之间并没有太大的联系；将各章分割并串接起来的，仅仅是受访的女性的不同身份而已。

在这部充满了女性苦难的著作中，作者的确向我们展

---

① 中村淳彦『東京貧困女子』（東洋経済新報社 2019 年）。以下引自此书处皆随文标注页码，不另作注。

附图 1 中村淳彦的著作《东京贫困女子》书影。

示了形形色色的"东京贫困女子":女大学生、离婚后独自抚养孩子的女性、精神疾病患者、非正规劳动者、单身的中高龄女性等等,不一而足。之所以要以纪实的方式展现这些女性的人生,据作者自己说,是为了让读者亲眼见证这些平时被媒体的再现所遮蔽的角落:

> 由种种要因缠绕在一起而形成的贫困,是单靠数据无法测量的每个个人的苦难故事。可以说,我们有必要尽可能多地目击单独的个案。(第131页)

的确,无论是失业人口统计还是中学辍学率统计,都无法让我们看到真实发生在每个个体身上的悲惨故事。让这些个体的苦难以不可化约的形式呈现出来，本身就是一件有意义的工作。事实上，在日本和中国，也的确有不少读者在读了这部著作后为这些受苦受难的女子掬一把同情之泪，慨叹社会制度的不合理、日本男性中心主义社会构造的腐败、女性生活之不易，等等。然而，这里也包含着一个伦理问题：如果每个个体的不幸遭遇都是独特的、不可化约的，那么严格来说，将这些不幸视作"典型"——"通过"或"透过"它们来窥视某种更宽泛、更普遍的构造或背景，以它们为"案例"来"推测"其他类似的个案——本身就构成了另一种暴力，不仅是对于这些个案本身的暴力（如果它们是独特的，它们必然是绝对的、不可还原的、无法被穿透的），也是对于其他个案的暴力（没有一个个案可以被代表、类比、推演，没有一个个体可以被安排在"由此可知"的位置上）。更不用提作为同情者和旁观者的那种高高在上的目光的暴力。

不过，让我们暂时抛开如此"抽象"而"不及物"的层面，听从作者的指示，跟着他回到具体层面，来看看这本引起不少读者同情或共情——但愿不是通俗版本的亚里士多德意义上的"净化"——的著作，到底写了些什么。

从形式上说，这是一本血泪故事集。作者乐此不疲地讲述着一个又一个不幸的女性的人生，挖地三尺，从她们的家庭出身、学校教育、恋爱经历、职场遭遇等各个角度寻找契合主题的素材，为读者搭建起一个又一个完整的贫穷故事，而每个故事末尾"机械降神"一般出现的"角色"，不出意外地，要么是风俗或卖淫，要么是精神疾病。对于这种写法，作者自己说道：

> 我不带入自己的价值观，而是彻底做一名旁观者，不发展取材之外的人际关系，并且在不造成伤害的前提下，尽我所能进行书写和传达……。我不是援助者，而是将她们正在面临的现实予以可视化的取材者。（第7页）

似乎是为了显示自己的资质，作者屡次在书中提醒读者，自己过去采访过几千名风俗女，对于取材这些从正常的生活轨道上"跌落"的女性，可谓是颇有经验了。不过，这位"彻底的旁观者"在遇到他所采访的第一位"贫穷女性"的时候，便写了这么一段仅靠"旁观"绝不可能看到的内容：

> 虽然感到不安，但还是来接受采访，我觉得她恐怕有这样的意图：要将自己的事情告诉别人，想要判断自己正在做的事情究竟对不对，想要让人告诉她，她做的没错。（第29页）

无论是这段话还是书中引用的被采访者的许多话都表

明——或者不如说，作者希望向我们表明：这些陷于贫困的女性，这些因为金钱的原因而选择了风俗或卖淫的女性，她们归根结底不知道自己在干什么。显然，悲天悯人的作者已经为这些"贫困女子"做出了人生总结："想要普普通通地生活，所以现在想要学习——有着这种小小意志的女大学生，却因名为奖学金的负债而卖身；单身女性只能选择非正规劳动，要么什么都买不了而穷困潦倒，要么靠染指'爸爸活'或风俗来从男性那里得到再分配，以此勉强维持生计。"（第318页）请注意，这里的问题根本不是"作者讲述的这些事例到底是不是真实存在"，因为或多或少这样的情况确乎存在；问题也不是"作者讲述的这些事例到底占多少比重"，因为哪怕只占人口很小的比例，这些单独的个案也是绝对的、独特的、不可化约的个案，它们要求我们做出回应，要求我们为之承担伦理责任。真正的问题在于，通过如此讲述这些个案，作者不仅在含义暧昧的"贫困"与这些女性的人生经历之间确立了必然的联系——似乎一切都殊途同归地在"贫困"这里找到了落脚点，而且造成了一系列颇为可疑的对立，或将一系列本身在概念上并不可靠的、随时在发生变化的对立变得绝对而不可解决。

为了说明这一点，让我们以作者讲述的一位因奖学金还债问题而陷入贫困、最终选择从事风俗事业（并酿成悲惨结局）的女大学生为例。作者如此描述这位学生在东京生活的困窘状态：

每天最大的压力就是金钱。学费和上京的费用就几乎花光了两年打工挣得的 130 万日元。在几乎没有存款的状态下开始东京的学生生活，每半年就得缴一次数十万日元的学费。房租每月高达 7 万日元，充满了不安。（第 55 — 56 页）

应该说，这段描述对于从外省到东京念大学的学生而言，是具有一定程度的普遍意义的。由于日本大学不合理的奖学金制度和物价压力，大多数学生都得依靠打零工来赚取生活费，物质上也绝对算不上有什么余裕。虽然日本大学有一类奖学金不要求偿还，有些公立大学也有学费减免的政策，但由于人数限制和审查的严格，能够享受到这些福利政策的学生确实只占少数。这一现状的形成，背景无疑离不开日本自 1990 年代以来一直萎靡不振的经济状况和日益加剧的结构性贫富分化，以及新自由主义经济政策下社会公共服务随着民营化而形成的与日俱增的劣化与畸形。正如作者所说，"国家放弃责任，民营化逐渐加剧的福利事业，完全没有未来"（第 62 页）。不过，关于这位大学生，作者紧接着写道：

（她）马上就成了风俗小姐。为不认识的男性提供性服务非其所愿，但现状已经不是自己喜不喜欢的问题了。（第 56 页）

这堪称是一个猝不及防的转折。为什么作者能得出"现状已经不是自己喜不喜欢的问题了"的结论？为什么"成为风俗小姐"在这里成了不得不然的选择？请注意：上述问题不是提给当事人的，而是提给作者的。诚然，很多无法对这些女性产生同情的批评者认为，作者描述的所谓"贫困"，几乎都是当事人咎由自取的结果：为什么非要参加费用昂贵的社团活动不可？为什么不选择时薪高的家庭教师工作，而选择风俗或卖淫？身边很多同学也没有家庭的资助，不也靠餐馆打工过得挺好吗？此外，如果女性可以依靠风俗或卖淫赚取高额的生活费，对于大部分男性来说，从事类似工作的机会显然要少得多，难道这里不也包含着不平等？如此等等。当然，批评不幸者、指责她们是自作自受，无疑过于刻薄；但是，与之相比更重要的是，我认为之所以会产生这种批评，原因不在于这些女性的抉择和生活方式，而在于作者的书写和认知方式。

　　简单来说，作者非但没有"不带入自己的价值观，而是彻底做一名旁观者"，反而处处带入自己的价值观，随时随地对被采访者的生活方式和价值选择进行再阐释。例如，在作者的笔下，造成眼下这种局面的，一方面是万恶且不可动摇的奖学金制度、劳工制度、杯水车薪式的社会救济、漏洞百出的福利措施，上述种种不仅一无是处而且几乎全与诈骗无异，另一方面则是同样无恶不作、十恶不赦的家庭关系。至于夹在中间的"贫困女性"，等待着她们的只有那个为她们带来更多不幸的、饮鸩止渴式的选择：风俗和卖淫。看着暗无天日的日本社会，作者痛心疾首地哀叹道：

> 自己在大学时代拥有幸福青春的父母辈、祖父母辈，完全不理解这一苦境，仅仅用自己的价值观来做判断，将年轻人进一步逼入窘境，这就是现状。（第97页）

然而，当面对"马上就成了风俗小姐"的大学生的选择，将"贫困"视为解释一切现实问题的话语，这种话语和认知上的"贫困"，难道不是和作者所批判的、对年轻人完全没有理解的"父母辈、祖父母辈"如出一辙吗？"为了钱"实在是一句太有道理的说辞，以至于它常常被用来——自觉或不自觉地——掩盖或代替另一些更为不可见的考量。但是，所有的考量在作者这里都直接被等同于物质上的穷困；在作者这里，对于大学生活、打工、风俗的认知，始终建立在一个非常成问题的预设之上，即潜藏在这些活动背后的社会交往方式、人际关系模式是均质且一成不变的。每个人都在相同的轨道上，朝着相同的终点奔跑，只是有些人比较幸运，有些人不幸"跌倒"（顺带一提，这部著作的副标题就是"她们为什么跌倒了"）。也正是基于这种量化的、抽象的前提，女性的"贫困"问题最终被作者还原为一种纯粹的、无法调和的世代对立问题：幸运地赶上了日本的经济增长时代的老一辈和不幸地生活在经济低迷时代的年轻一辈之间的对立。问题是，仅仅就作者披露的这些饱受家庭不幸的女性来说，她们的父母辈真的就这么幸运吗？如果说这里要具体情况具体分析，那么世代对立的结论又是怎么得出来的？

在作者指责的"老一辈"那里，的确有许多人完全不理解也不愿意理解如今年轻人的做法，例如年轻人不愿意恋爱和结婚，不愿意像过去那样视公司为家庭，不愿意将自己买房买车和为国家经济做贡献的想法联系起来，等等。然而，对此单单回应一句"那也是没办法的事"，既无法调和世代之间的不理解，甚至也不构成对年轻人的理解。毋宁说，作者对于"堂堂大学生竟然为了筹措社团活动资金而去当陪酒女"表现出的讶异和叹息，已经透露了作者自身对于所谓"正常生活"、所谓人际关系和社会关系的标准化想象。根据这种想象，风俗、卖淫、道德沦丧与物质贫穷、家庭不幸等要素必然地关联在一起，并在整部著作中被一次又一次地重复。

诚如作者自己所说，"取材女性贫困的时候，就像理所当然那样，会碰到卖春和精神疾病"，对此，他"在某种程度上已经预想到了"（第130页）。换句话说，凭借自己丰富的采访经验，作者不仅没有从这些不可化约的、独特的个体中遭遇各种偶然性，反而不断地将个体的偶然还原为叙事的必然。甚至可以悖论性地说，比起那些一惊一乍的读者，这位老到的作者在与被采访者碰面之前，就已经为对方的人生安顿好了明确的位置。从某种程度上说，这也许是每个从事社会学调查或田野考察的研究者都必须面对的一个难题；但并非每个研究者都会像我们的作者宣称的那样，将最大的价值放在"尽可能多地目击单独的个案"，也即展现个体的独特性上。

遮蔽从来不是单一的。与之相对，"可视化"也从来不是单纯的、客观的操作。在作者标榜的"彻底的旁观者"的目光下，我们看到的不仅仅是一个个陷于贫困的个体，更是一个个被动的、身不由己的、不知道自己在干什么也不知道自己能干什么的个体。当然了，在"挣扎于贫困中的女性的现实"这一报道主题的统摄下，作者从一开始便确定了以这样的对象为采访目标。就如有的批评者指出的那样，同样刻画贫困，一位身不由己投身卖淫的女大学生的故事，无疑比一位在运输公司干活的男大学生的故事更为博人眼球。于是，在这位"彻底"的"旁观者"的笔下，我们不仅看到了"长得像有村架纯"的"美女"大学生从事风俗业，而且看到了"童颜巨乳，容貌姣好"（第79页）这样的描述。我不禁想问，作者希望通过这种绘声绘色的描述，引起读者的何种共情？这些细节又是在哪一点上和作者编织的一个个必然的、无可奈何的贫困故事形成了密不可分的联系？

毫无疑问，在现实中思考如何将这些女性从贫困的境遇中拯救出来，确实是一项非常重要的社会议题（不过在这一点上，作者也没有提出任何解决方案，反而不断地强化着"问题无法解决"的悲观情绪）；但与之相比，思考如何在话语层面将这些女性从"贫困"这一单调的、被动性的、贫乏的叙述中解放出来,如何将她们(以及我们自己)从贫困的叙事和叙事的贫困中解放出来,或许是同样重要,甚至更为重要的问题。我认为,最起码的是,只有当我们不再简单地把这些已经在生活中陷入贫困的人们在论述和概念上重新回收到乃至牢牢确立在"贫困"的单一范畴之中,我们才有希望将自己从"旁观者"的位置上解放出来。

附录二　用"两倍速"读完稻田丰史《用快进看电影的人们》

在网络视频高度普及的当下,利用电脑或手机在线观看电影和视频早已成为许多人的一项生活习惯。同时,越来越多的人开始习惯用1.5倍速乃至2倍速观看视频,或是利用浏览器提供的"前进10秒"等功能,跳过不想看的片段。针对这一越来越普遍的观看习惯,专栏作家稻田丰史写了一本题为《用快进看电影的人们:电影解说·剧透——内容消费的当下形态》的小书①,试图解释这种新奇乃至离奇的观剧模式。

的确,乍看之下,以多倍速快进或跳过某些片段的方式观看一部影视作品的习惯,显得有些匪夷所思:原本时长两个小时的电影,为什么要用两倍速来抓紧时间看完?如果想节省时间的话,直接选择不看不就可以了吗?毕

---

① 稻田豊史『映画を早送りで観る人たち:ファスト映画・ネタバレ——コンテンツ消費の現在形』(光文社2022年)。以下引文皆随文标注页码,不另作注。

附录二 用"两倍速"读完稻田丰史《用快进看电影的人们》

附图 1 稻田丰史的著作《用快进看电影的人们：电影解说·剧透——内容消费的当下形态》书影。

竟，除非是专业所需，没有什么电影是非看不可的，不是吗？在这本书中，稻田还列举了一系列与"倍速观看"相关的现象，而这些现象恐怕也相当普遍地出现在当代中国受众之中：提前在各类网站上了解剧情和结局，再去观看作品本身；不直接看影视作品，而是选择观看许多"电影讲解"类的、时长往往不超过 20 分钟的视频（当然，也是以倍速进行观看）；等等。最极端的情形是，人们在无意间看了某部电视剧的第一集后感到很有意思，于是马上去查该电视剧据以改编的原作漫画，但不是直接去看漫画，而是去网上搜索关于该漫画的剧情介绍和结局。

据稻田的调查，在当今日本社会的年轻人中间，用倍速或跳跃的方式观看影视作品和视频的比例，已经超过七成，甚至出现了有年轻人以两倍速收听音乐的离奇现象。为什么会这样？这种现象透露了关于当代社会和文化的什么信息？

在这本书中，稻田仿照"倍速观看"的模式，早早地在引言部分告诉了读者他的答案。在他看来，"倍速现象"的原因主要可以归结为三点：第一，随着视频网站的完善和迅速发展，消费者如今接触影视作品已经变得前所未有地便利。事实上，以往通过录像带或DVD等介质播放影视作品的时候，尽管播放器上也同样存在快进和后退的功能，但观众像如今这样普遍地利用快进功能来对待初次观看的作品的情况却并不多见。稻田认为，原因之一在于，视频网站的包月付费方式，让消费者前所未有地可以用相对低廉的方式获得大量的、几乎在个体生命的有限时间内根本无法看完的资源；而且，为了吸引新用户的订阅，这些视频网站往往会将最时兴的作品作为卖点推出，反而是一些旧作有时会额外收费。这种营销模式和以往DVD出租店铺的做法截然相反。于是，面对海量的有待观看的"热门影片"，用倍速收看以期短时间内"回本"的消费者心理便不难理解了。

第二，稻田指出，"倍速现象"和当今受众对于作品和文本的理解模式也有密切关联。如今越来越多的影视作品开始大量运用旁白或人物独白的方式，事无巨细地将人物的所思所想、周围的状况、故事背景等直接告诉观众，以至于观众只要看了字幕就能大致理解剧情。在这个意义上，以往漫画读者的快速阅读模式，不经意间被转移到了视觉媒介上。稻田以2019年播出的《鬼灭之刃》(『鬼滅の刃』)动画的第一话为例指出，原本不需要台词、依靠场景描绘就应该能让受众理解的地方，动画也原原本本地、依照漫画让主角一五一十地说出"因为有雪而得救了"之类的台词。造成这一现象的主要原因是，在不同媒介(漫画、小说、动画、游戏等)之间进行转化和翻译的过程中，"尽量不对原作进行干预"逐渐成为制作公司的一项基本原则：与其因为由于媒介不同而进行的调整遭到粉丝们的口诛笔伐，不如"原汁原味"或"原封不动"地将漫画照搬到荧幕上；如今越来越多的所谓"视听漫画"的出现，同样可以在这个趋势的延长线上来理解。

第三，最重要的是，很多人选择"倍速观看"是因为这样做"效率高"。的确，如果进行一项田野调查，会发现这确乎是最直接、最容易想到的回答。然而，如果看电影原本就是为了放松或娱乐，为什么要把"效率"考虑进来？在这里使用"效率"一词真的合适吗？可以说，稻田的主要考察正是集中在这个问题上。并且，根本而言，这个问题和当今年轻人的感受力以及人际交往模式密切相关。

一方面，随着价值取向的多样化和"岛宇宙化"的进行，年轻人越来越难以在某个稳定的共同体内部以彼此默认共享的价值为前提进行认知和判断；与之相对，他们越来越多地在过度碎片化、细分化了的小圈子内部进行消费和交流。而最能体现这种交流方式的，便是 LINE（相当于国内的微信）的"群"聊天模式。一旦有人在"群"里提出某部受关注度较高的电影或动画片，自己为了能够参与众人的讨论，便需要快速掌握相关信息，以防止给对方留下自己对消息"已读不回"的不好印象。也就是说，"倍速观看"在这种情形下的前提是，受众已经将作品化约为获取信息的素材或完成交流的必要手段。当然，这种情况可以被视为以往校园生活或职场生活中的所谓"同调压力"的翻版。不过，今昔的差别在于，如果说以往一旦放学或下班就可以暂时摆脱这种压力，那么如今社交平台的迅速发展及其对于交流之"即时性"的要求，使得人们事实上无时无刻不处于"在线"状态，似乎无时无刻不被要求对"群"里出现的新消息做出回应。

另一方面，稻田发现，与此相关的另一个情形是，在他采访的许多习惯于"倍速观看"的年轻人那里，对作品的鉴赏或接受呈现出一种非常消极的态度。他们并不在意倍速播放或跳跃播放有可能遗漏文本中的重要信息，甚至不在乎自己的观看模式有可能对作品产生误解。他们用于自我证成的理由大致有三：一种是所谓"我有我的理解，你有你的理解"，即从根本上放弃实质性的、涉及作品理解的交流；一种则更彻底地放弃了"作品"的概念，他们不是为了理解某个完整的"作品"，只是为了

附录二　用"两倍速"读完稻田丰史《用快进看电影的人们》

(例如)"磕 CP"或关注某个明星。无论是在视频网站上,还是在短视频媒体上,一些仅仅抽取某个明星在某部影视剧中的几个出场片段的所谓"粉丝向"剪辑视频往往能够获得很高的点击量,早已不是什么稀奇的事情。除此之外,第三种更带有"自我防御"色彩的说辞则是:自己不是这个领域的专家,那些深奥的意义留给专家们解读就可以了,自己不过就是看个热闹而已。

上述消极态度不仅仅出现在理解影视作品的场合;事实上,稻田用一个细微但意味深长的例子表明,它已经成为当今消费社会中某种具有普遍性的态度。这个例子即"御宅族"和"推"(推し)之间的语词区别。经过漫长的使用和演化史,"御宅族"一词如今已经褪去了在1990年代具有的贬义,甚至逐渐带上了正面色彩。如今它往往指的是在某个领域具有专业知识、一般人难以企及的专家。因此,敢于自称"御宅族"的年轻人正逐渐变少,但不是出于对这个词的忌惮,反而是出于对这个词的敬畏。可以说,在当代中文语境中,"御宅族"的语义正逐渐向"大佬"一词靠近。与"大佬"们相比,自己的知识并不充分,只是单纯的喜爱而已(即所谓"萌新")——"推"这个中性的词便承担了这样的消极意义。值得注意的一个现象是,哪怕是在(例如)偶像团体的粉丝中间,"御宅族"和"推"的这种差异也明白无误地得到了体现,即一般粉丝和所谓"粉头"的区别。当然,"粉头"并不仅仅具备足够多的知识,甚至还有一般粉丝所不具有的与偶像的经纪人或经纪公司之间的直接联系，等等。但重要的是，正是基于上述差异以及人们对这种差异的自觉，"粉头"本身拥有众多粉丝这一颇为奇特的现象也已屡见不鲜。

可是，为什么会出现这种几乎彻底放弃理解的消极态度？在这一方面，稻田的论述颇为散漫，但大致原因可以被集中为两点。第一，社交软件的高度普及，已经使得原本相互不可见的社会群体开始看到对方的生活，以至于"所有领域中全国最优秀的强者都变成了'毗邻的存在'。他们与自己之间的压倒性实力差距，每分每秒都透过屏幕怼到脸上"（第152页）。无论是在"知乎"上挥斥方遒还是在"抖音"上表演耍宝，拥有他人所不具备的"一技之长"已经成为当今时代让人彰显个性的重要乃至唯一的方式。人们由此产生的矛盾情绪便体现为，一方面干脆谦虚地退出"理解"的范畴，对于所谓"作品的意义"敬而远之；另一方面则必须通过（例如）"五分钟内理解康德"等视频解说来弥补由于"大佬"们在各个领域的"装逼"（マウントを取る）而给自己带来的心理落差。

第二，与此相关，造成受众对影视作品的消极态度的另一个原因是，越来越多的人不愿意在作为娱乐消遣的电影或视频上耗费自己的"内心卡路里"。他们"想要节约感情；想要靠着经济的运行模式生活。为此，不踏入作品世界内部的做法更好"（第209页）。稻田指出，那些用倍速观看电影或跳着看电影的人们，同时也往往会反复观看某个特定的场景，有的甚至会看数十次。对此，稻田写道：

> 如果作品鉴赏的行为是"do"的话，那么以场景为单位反复观看的行为则是"be"。在此，目的不是积极主动地观看，而是将沉浸的舒服状态视为价值。（第 210 页）

于是，这些受众并不追求对作品的特定理解（他们已经事先从各个网站"理解"了故事梗概），并不想从"大佬"那里听到针对自己喜爱的作品的质疑（他们总是可以找到支持自己感受的"大佬"），也并不期待通过看视频这种纯粹的娱乐活动得到某种严肃而深刻的启发。任何让内心感到纠结、挫折或难受的情节都不应该出现，他们从所有的对象中只看到自己，所有的"文化产品"都成为满足瞬时的甚至是生理性的感受的手段。因此，习惯于倍速观看的受众，一方面很容易与作品中的人物产生共情（或不如说"情绪性共振"），另一方面则很难接纳和理解他者。

几乎是出于某种自我反思和自我批评，出生于 1970 年代的稻田最后将"倍速观看"的现象归结为技术发展过程中注定出现的结果。稻田甚至认为，这一现象所引发的不满或许和当年人们对于由录像技术及电视机的普及所带来的观影模式的转变产生的不满十分类似。然而，真的是这样吗？在过去，无论观影条件如何变化，受众的行为指向的都是作品内部；与之相对，在"倍速观看"和相关的一系列行为模式中，甚至"作品"这个概念也早已得到消解。如果我们仍然希望在技术层面上讨论上述变化，那么对于"技术"的理解就不能仅仅被限定在设备和平台的狭窄领域。或许"倍速观看"的现象，恰恰提醒我们应该重新思考当代日常生活的技术化及其意义。

后记

几年前，一位从事新媒体工作的友人找到我，说他们正在推动网络平台上面向一般大众的新媒体形式的通识课程，有意找我参与，并要求我设计一份课程大纲。记得当时我提交的是一份关于日本ACG文化的大纲，有模有样地列了一连串作品和分析；结果得到回复说，已经有一位学者提交了类似主题的课程大纲。我说，虽然两个人讲类似的主题，但讲法可以很不一样嘛。然后我就收到了友人的善意回复——原话我忘了，翻译一下大致便是：人家是日本亚文化研究领域的专家，你算什么东西？

我想，他说得不错。在之后很长的一段时间里，这句话就像德尔菲神庙的神谕一般，萦绕在这份薄薄的书稿和收入其中的文章周围。如今我终于能将这本小书付梓，离不开编辑张雅秋女士对它的信任和辛勤劳作。对此，我真诚地表示感谢。

其实，这本书里的文章所讨论的许多话题和对象，也许同样算不得什么"东西"；在我写作这些文章的时候，哪怕是在热得发烫、专家与日俱增的"亚文化研究"领域，它们也难登"大雅之堂"——如果说AKB48、新海诚尚能跻身于这个领域的"经典文本"之列，那么"JK散步"呢？女仆咖啡店呢？的确，按照既有的学科分类，这些例子恐怕只能归为社会学的研究对象（如果不是人类学的话）。事实上，在日文和英文世界中，以传统社会学方法分析这些对象的专著也并不少见。至于书中提到的"网络直播""虚拟主播"等，在我搜集资料、写作书稿的这些年里，无论在日本社会还是中国社会，它们都历经了很大的变化，相应的社会认知度也与我写作相关章节时的情形不可同日而语。不过，我写作这些文章的目的并不在于"介绍"乃至"推销"（例如）"虚拟主播"，因而在我看来，这些如今显得"过时"的文章仍然有保留的意义。

当然，就像在前言里说过的那样，一旦涉及"少女"主题，以纪实的方式向读者绘声绘色地——就效果而言是"绘声绘色"，就姿态而言肯定是"忧心忡忡"——介绍和议论边缘性社会现象的书籍，在日本图书市场几乎已泛滥成一种文类，从中也诞生了不少专家。其中的几部热销书也早已被翻译到国内，让国内读者也能对那些据说因贫困而不得不在大城市卖春的年轻女子一窥究竟，一睹真容，并和专家们一样忧心忡忡。

对此，我无意掺和其中，或者更准确地说，自己缺乏相关的兴趣和才能，但倒也不惮于发出一些不同的声音。我之所以敢这么"肆无忌惮"，原因倒也简单：说到底，如果说"亚文化研究专家"的名号听起来并不比"莎士比亚研究专家"逊色多少，那么（比如）"卖春女研究专家"或"AV女演员研究专家"的名号听起来就不那么悦耳了。值得一提的是，本书中屡次援引其著作的社会学家宫台真司，当年就因为自己的"援交少女研究"而被扣上了"援交社会学家"的帽子。

最后，我想留下几句相当私人性的话——其实整本书都是相当私人性的：毕竟，比起学界经常热烈讨论的文明冲突、"诸神之争"，几个经常深夜睡在麦当劳的年轻人又算什么"东西"呢？而且，如果真的关心他们，与其在这里写什么七拐八弯的文章，不如去参加公益组织来得更切实，不是吗？没有一个社会问题是靠一些所谓的知识人坐在家里拍脑袋想法子解决的，不是吗？那么，让我最后强调一遍：在我看来，公益组织也罢，一切公共话语所主张的"正常生活"也罢，在它们与所关心的对象发生接触的时刻，它们就已经在施加另一种暴力。当然，事情并非到此为止，毕竟现实中各种公益组织实实在在地为离家出走的年轻人们提供着重要的帮助，简单地用"暴力"一词将这些努力予以打发的做法，或许本身就是一种知识分子的傲慢。正如向陌生人问路的举动本身在某种意义上也构成了一种暴力，但这一事实却并不妨碍双方达成交流的合意。然而，"需要帮助"和"给予帮助"的这种前提性认知，可能恰恰遮蔽了包含在这些边缘性群体和现象之中的一些细微的时代纹理。

虽说种种机缘巧合促成了写作本书的契机，但全书文字写作的时间间隔并不算短，有一些甚至是我在博士求学期间写就的文字；因而，在行文风格甚至文气上，它们间存在着多多少少的差异。其中一些文字曾以不同的标题发表在国内学术期刊或媒体上，另一些则在经过删减后发表在杂志 ART FORUM 的中文版上；在此，要感谢杂志编辑杜可柯一直以来的信任和督促。在收入本书时，我对这些文字做了不同程度的补充、删改、推敲。但也有一些文字，出于种种考虑，我选择让它们一仍其旧。

由于这本书中讨论的诸多现象都涉及当代日本社会，将"日本"放在标题中也许并不过分；与此同时，书名中的"零度"既可以表示温度，也可以表示刻度，它也会让人联想到巴特（Roland Barthes）著名的"零度写作"的说法。我愿意保留这个标题的暧昧性，因为我相信有心的读者不难读出它的含义。诚然，没有一本书能预期它的读者，也没有一个作者能预期一本书的命运。愿意将自己的著作出版，已然是一个试图沟通、试图与他者产生关系的方式；而如果暴力也是一种连带，那么任何连带的意图都无法抵抗可能的暴力。在这个意义上，我并不试图在后记中为这些文字中的各种疏漏和偏颇进行辩解。

最后但并非最不重要的，我要由衷感谢华东师范大学的毛尖老师和罗岗老师对这本小书的出版给予的关心和热心，感谢我的学长和好友薛羽对书稿提出的宝贵意见；同时，我也要感谢许多认识的和不认识的读者在不同场合对于收录在这本小书里的一些文字的鼓励或批评、接受或拒绝。

王　钦
2024 年 5 月　日本东京